9割の日本人が知らない
お金をふやす8つの習慣

外資系金融マンが教える 本当のお金の知識

生形大
Dai Ubukata

ダイヤモンド社

はじめに

ある調査報告書では、こんな事実が明らかになっています。

「世界の上位62人の資産額は、下位50％の合計と同額」。

つまり世界で最も裕福な62人が、裕福でない下位半分（37億人くらい）の合計と同じくらいの額の資産を持っている……世界の経済格差が急速に広がっているのです。

世界の富裕層と貧困層ほどではないものの、この日本においても格差は広がりを見せています。

大多数の人々が、仕事に追われながらも経済的に不安を抱える日々を送っている一方で、サラリーマンを辞めて悠々自適のセミリタイア生活を送りながら、さらに資産をふやしていく人もいます。

同じくらいの年代の人であっても、上下にはっきりと二極化する時代がすでにやって来ているのです。

今でこそ私はサラリーマンを辞め、経済的・時間的自由を手に入れてやりたいことをやる生活を送っていますが、10年前は違いました。

社会人になって初めて就職した会社で入社2年目にリストラに遭い、途方に暮れていたのです。しかしその後は転職を繰り返し、日系企業・外資系企業を数社渡り歩きながら、収入アップを図り、資産の構築に努めてきました。

いくつかの企業で働き、国内外のさまざまな人たちと接してきたなかで、はっきりとわかったことがあります。

「日系企業に勤めるサラリーマンよりも、外資系企業に勤めるサラリーマンの方が、お金の活かし方、使い方がわかっている」ということです。

単に収入に差があるということではありません。

たとえば日系企業に勤めていた時のある先輩は、自宅マンションを買う時に、「生まれ育ったところに近いから」という理由で郊外の立地を選びました。一方で、外資系企業の先輩は、自宅であっても「資産」という視点で考えて、将来の資産価値を見据えた選択をしました。

両者の選択は、10数年後に大きく差が出ることになります。詳しくは本文内に書いていますが、同じくらいの価格で買ったマンションなのに、5000万円もの資産価値の違いが出ることになってしまったのです。

日系企業サラリーマンと外資系サラリーマンが大きく違うのは、「お金の使い方」だけではなく、「お金のふやし方」「お金の活かし方」についても言えます。

たとえば日系企業サラリーマンの多くは「借金」を嫌います。一方で外資系サラリーマンは、「借金にもいい借金がある」と理解し、前向きに活用します。

また日系企業サラリーマンの多くは、「リスク」を嫌い、極力避けようとします。一方で外資系サラリーマンは、「リスク」の本質を理解して、適切にコントロールすることで、「リスク」を「チャンス」に変えようとします。

このような考え方や行動、ひと言で言えば「習慣」の違いが、数年後、10数年後の結果に大きな違いとなって現れるという例を、私はたくさん見てきました。

二極化が進むこれからの時代において、お金の使い方や活かし方についての正しい習慣を理解しなければ、ますます上位の人たちに取り残されていきます。

本書では、私たち日本人があまり知らない、しかし外資系企業のエリートサラリーマンならば当たり前に知っている、そんな「習慣」を8つに分類してご紹介していきます。

たとえば、自分は働かなくても定期的にお金が入ってくる「ストック収入」の作り方や、これから発展する国やビジネスに投資する時の考え方などなど……。さまざまな角度から、お金をふやすための「習慣」を解説していきます。

これらの習慣さえ身に付ければ、誰でも多額の資産を築くことができ、経済的自由を手に入れることができます。

特別何か優れたスキルを持っている必要はありません。私もかつてはごく普通の、時間的にも経済的にも余裕のないサラリーマンでした。そんな私でも、本書で紹介するような習慣を実践してきたことで、5年間で4億円を超える資産を構築することができました。

是非、本書を読んで人生を変える第一歩を踏み出してください。

生形大《うぶかただい》

9割の日本人が知らないお金をふやす8つの習慣　目次

習慣2

フロー収入とストック収入を持つ……59

習慣3

「リスク」の考え方を身に付ける……75

習慣4 誰でもできる！　国の政策に注目する

習慣 5

これから需要が増えるビジネスを見つける

習慣 7

お金をふやしたいなら人とは逆のことをする

習慣8 1人ではお金持ちになれない！ メンターを探す

個人の目標達成にも有効なPDCAサイクルで常に改善する……219

習慣 1

外資系エリートたちのお金、時間の活かし方をまねる

ボーナスを「繰上返済」して喜ぶ日本人、投資でふやす外資系エリート

繰上返済にメリットはあるが……

住宅ローンに関して、次のような意見を耳にすることがよくあります。

「貯まったお金で繰上返済すれば、総返済額が○万円減る」

「資産運用より繰上返済の方が確実でお得！」

日本人特有の手堅さを重視する考え方だと思います。

でも本当に、繰上返済はお得なのでしょうか？


住宅ローンの繰上返済とは、毎月10万円などと決められている返済額とは別に、自分の好きな時に100万円などのまとまった額を返済することを言います。

繰上返済には「期間短縮型」と「返済額軽減型」の2種類があり、期間短縮型を選べ

ばローン返済までの年数を減らすことができ、返済額軽減型を選べば毎月の返済負担を軽くすることができます。またいずれの場合も、ローン返済終了までに支払う予定だった総返済額を削減できるメリットがあります。

そして、借入初期であればあるほど、繰上返済のメリットは大きくなります。そのため、住宅ローンを借りて間もないのに、家計を切り詰めて節約して、急いで繰上返済しようとする人がいます。

しかしこれ、実は大変もったいないことなのです。

繰上返済を上回る「住宅ローン減税」のメリット

なぜなら現在、低金利で利息が少ないのに加えて、「住宅ローン減税」という、住宅ローンを借りている人にとって大変有利な制度が実施されており、繰上返済によってそのメリットが薄れてしまうことがあるからです。

住宅ローン減税とは、年末時点の住宅ローン残高の1％に当たる額を節税できる仕組みです。たとえば住宅ローン残高が４０００万円ある会社員なら、このうちの1％

に当たる40万円が還付されます（サラリーマンの場合、1年目は確定申告をする必要があり、2年目以降は年末調整で受けられます）。

この人がもし今、500万円の繰上返済をすると、節税になる額が40万円から35万円に減ってしまい、差し引き5万円、損することになってしまいます。

もちろん500万円を繰上返済することで、返済額に占める支払利子は減ります。住宅ローンの金利が0・8%だったとして、残高4000万円に対する毎年の利子は約32万円。一方、繰上返済後の残高3500万円に対するその年の利子は約28万円。4万円の削減です。

これを整理すると、

- 繰上返済をしなかった場合
住宅ローン減税で40万円－年間支払利子32＝8万円の手残り
- 500万円の繰上返済をした場合
住宅ローン減税で35万円－年間支払利子28万円＝7万円の手残り

図1-1 繰上返済をすると損になる!

預金500万円

ローン残高
▲4000万円

繰上返済しない	繰上返済する
↓	↓
40万円の減税 **(利子の支払いは32万円)**	**35万円の減税** **(利子の支払いは28万円)**
↓	↓
8万円の手残り	**7万円の手残り**
↓	↓
手元にあるお金 **508万円**	**手元にあるお金** **7万円**

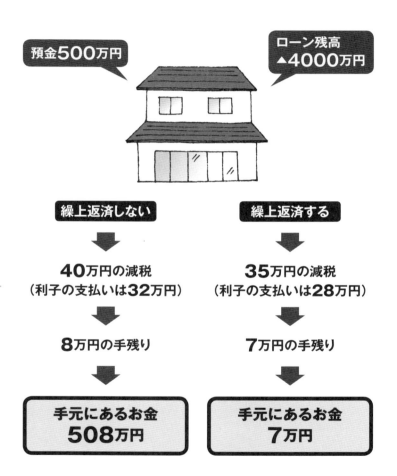

となって、繰上返済をしない方が1万円多く残ることになります（※住宅ローン金利が1％以上の場合は繰上返済の方が手残りはふえます）。

外資系エリートは投資でふやす

繰上返済のデメリットはそれだけではありません。

もし繰上返済をしなければ、まとまったお金が残ったままとなります。この資金を元手に資産運用をすれば、お金をふやすことができます。

たとえば日本を代表するような有名企業でも年間配当利回り3％程度の株はありますから、それを100万円分買ったとすると、年間3万円のリターンが得られます。さらに、もし値上がりすれば値上がり益を手にすることも可能です。

また世の中には、株以外にも高いリターンが得られる金融商品はたくさんあります。たとえば元本100万円を利回り12％の商品で運用し、得られたリターンを再投資していけば、お金がお金を生む「複利効果」で10年後には約310万円以上になっています。

図1-2 **金利12%の商品で運用すると10年後には3倍になる!**

年数	元利合計	利息	実質金利
1年目	1,120,000	120,000	12%
2年目	1,254,400	254,400	25.44%
3年目	1,404,928	404,928	40.4928%
4年目	1,573,519	573,519	57.3519%
5年目	1,762,342	762,342	76.2342%
6年目	1,973,823	973,823	97.3823%
7年目	2,210,681	1,210,681	121.0681%
8年目	2,475,963	1,475,963	147.5963%
9年目	2,773,079	1,773,079	177.3079%
10年目	3,105,848	2,105,848	210.5848%

100万円が10年で約310万円以上に!

- **7%で運用しても196万円に!**
- **海外ではもっと高金利な国も!**

つまり繰上返済をするということは、このようにお金をふやすチャンスをみすみす見逃していることになるのです。

「年利12％の金融商品なんてあるわけない！」

と思う人もいるかもしれません。確かに、日本では現在、銀行預金も個人向け国債も超低金利で、ほとんどリターンがありません。

しかし海外を見渡せば、高金利の国はあります。たとえばリオオリンピックで盛り上がったブラジルは２０１６年12月末の政策金利が13・７５％。ほかにもトルコで８％、南アフリカで７％の金利となっています。

日本国内でも上場不動産投資信託（Ｊ－ＲＥＩＴ）を持っていれば平均して５％前後の配当が得られます。

さらに証券会社で売られているような金融商品ではなく、現物の不動産に投資するという方法もあります。アパートやマンション、戸建住宅を買って賃貸に出せば、平均でも８％以上、時には15～20％などの高いリターンを期待できます。

私はこれまで日系・外資系含めて数社で働いてきましたが、外資系金融機関にいたエリートサラリーマンたちは当然ながら金融リテラシーを持っているので、住宅ローンを借りていても繰上返済などは決してしませんでした。

会社の規程の関係で株取引をしている人はあまりいませんでしたが、その代わりに債券や投資信託、ヘッジファンド、保険、不動産などを組み合わせて上手に資産運用をしていました。

住宅ローンの金利は2016年末時点で0・5～1・2%くらい（ネット銀行の変動金利）。これは世界的に見ても歴史的に見ても最低水準であり、資金調達の環境としては大きなチャンスといえます。

低金利の住宅ローンは借りられるだけ目いっぱい借りて、手元に残ったお金は運用に回してふやす。こうした合理的な考え方を私たち日本人も身に付けなければなりません。

郊外に自宅を買う日本人、一等地の価値が上がる自宅を買う外資系エリート

新築マンションが14年で44％の値下がり！

外資系エリートは、購入するマイホームも日本人サラリーマンとは違います。「収入が高いから、高級なマンションを買う」ということではありません。

日系企業に勤めていた頃の先輩と、外資系企業に勤めていた頃の先輩、それぞれから家を買った話を聞いたことがあります。どちらも買った時の値段は同じくらいのマンションでしたが、10数年後には、この2人の間で驚くべき差が生じていたのです。

まずは日系企業の先輩の例を紹介しましょう。

2002年くらいに、この先輩は東京の郊外、電車で都心から1時間くらいのところにある駅から徒歩5分の新築マンションを買いました。都心への通勤には多少不便ですが、生まれ育った地元の近くであり、自然も豊富なこのエリアにこだわりを持っ

ていたのです。

新築時の価格は約４０５０万円。３ＬＤＫ、約78平米。それが築14年経ったいま、どうなったと思いますか？

「イエシル（www.ieshil.com）」というサイトで調べてみました。中古マンションの新築時から現在までの価格推移を調べることができる、大変便利なサイトです。このイエシルで先輩のマンションを検索してみたところ……。

現在の参考査定価格は約２２６０万円。なんとこの14年間で44％も価格が下落していたのです！

一方、外資系エリートの買ったマンションは？

次に、外資系企業の先輩が買ったマンションを見てみましょう。

先ほどの日系企業の先輩とほぼ同じ頃に、外資系企業の先輩も新築マンションを買いました。場所は東京・銀座、駅から徒歩４分という好立地です。２ＬＤＫで広さは約76平米。新築時の価格はさぞかし高いだろうと思われるかもしれませんが、実際は約

4060万円。ITバブル崩壊後の景気低迷期だったこともあってか、先輩はこのような格安物件を購入できたわけです。

ではそのマンションが現在どうなっているかというと……現在の参考査定価格は約7490万円。84％も値上がりしています。

ほぼ同時期に、同じくらいの額のマンションを買ったのに、14年後の資産価値では約5200万円もの差が付いてしまっています。 すでに郊外にマイホームを買ってしまった人にとっては、目を背けたくなるような結果になっています。

戸建は20年で価値がゼロに

マンションではなく戸建を買う場合でも同じです。

都心は高いので少し郊外に1000万円程度の土地を買い、3000万円くらいの建物を建てる。こんなパターンで戸建を買う人は多いですが、これにも問題があります。

まず、日本全国で一部の都市を除いて土地価格は下落基調にあること。住宅ローン

図1-3 家の購入で5000万円以上差が出た！

約4000万円のマンションが……

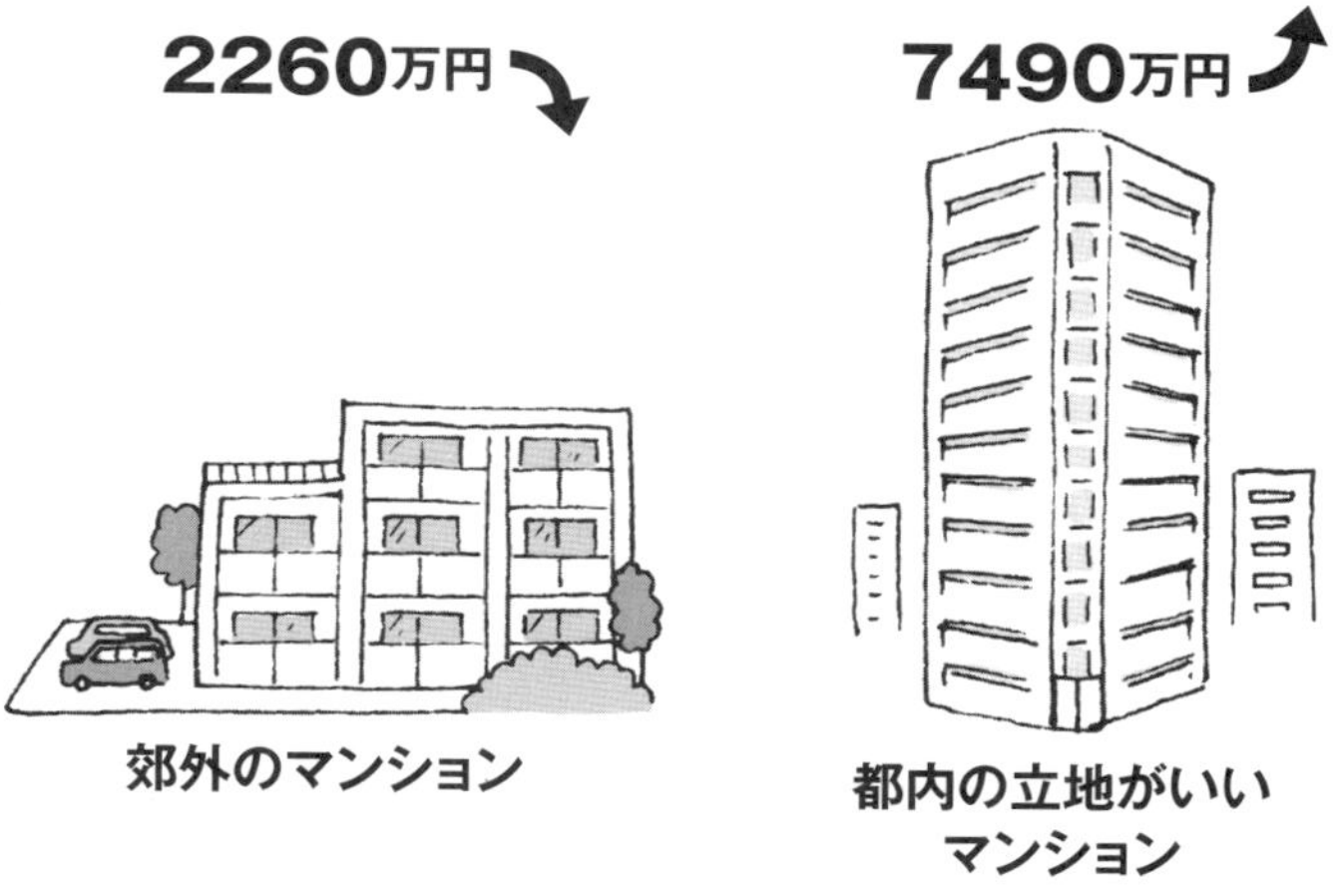

日系企業の先輩のマンション

3LDK、約78平米、郊外の駅から徒歩5分
- 新築時　　4050万円
- 14年後　　2260万円（44％値下がり）

外資系企業の先輩のマンション

2LDK、約76平米、銀座駅から徒歩4分
- 新築時　　4060万円
- 14年後　　7490万円（84％値上がり）

を払い終わる頃には、残念ながら郊外の土地の価値は落ちていることがほとんどでしょう。

また、建物も木造なら約20年で価値がゼロになってしまいます。これは日本だけの考え方なのですが、たった20年で建物の価値はなくなり、売却する時はほぼゼロ円、つまり土地だけの価格で査定されて売値が決まってしまうのです。

つまり住宅ローンを払い終える頃には、マイホームの資産価値は買った時の半分以下になってしまうわけです。そうなると足腰が弱ってきた老後に、戸建を売って駅近の便利なマンションに住み替えようと思っても難しくなります。

戸建には戸建のメリットが多数ありますが、そのメリットを享受するために、通勤時間を犠牲にして郊外に家を買ってしまう人は多くいます。しかし、何十年も通勤して一生懸命働いたのに、資産は蓄積されるどころか減っていってしまう。これでは何のために通勤地獄に耐えているかわかりません。

新築は買った途端、2割値下がりする

新築を好むのも日本人の特徴です。「家を買う＝新築」と思い込んでいる人も多いようです。

確かに、新しい家は気持ちいいですし、設備も最新で使いやすい。

しかし、資産価値の点からは買うべきではありません。なぜなら新築マンションは、「買った瞬間に2割値下がりする」からです。

マンションディベロッパーは多くの経費を掛けて新築マンションを販売しています。チラシやホームページの費用、モデルルームの建築費、営業マンの人件費等々です。さらに自社の利益も上乗せしなければなりません。

そのような諸々の経費が販売価格の2割を占めているのです。新築建売住宅の場合も、マンションより割合は少ないものの、やはり販売価格の1割以上を経費が占めています。

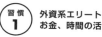

したがって、都心の好立地のマンションは別として、他のほとんどのエリアで買った新築マンションは、買った後にすぐ売ろうとしても2割ほど低い価格でしか買い手

は付かないのです。

一方、世の中には、かなりの築年数が経った中古マンションであっても価値が下がらない物件があります。たとえば東京・渋谷区の広尾にある「広尾ガーデンヒルズ」。築30年を超えていますが、２０００年頃から価格はほぼ下がっていません。それどころか２０１２年頃からは価格が徐々に上がっています。

先見の明がある人は、このような物件を買っています。

私が投資用にマンションを買う場合も当然、新築などは狙いません。一番の狙い目は、築18～20年頃の物件です。

新築マンションは先ほど説明した通り、販売開始直後に価値が大幅に下がります。その後も右肩下がりを続けますが、この下がり方がゆるやかになるのが築18～20年頃なのです。投資用の不動産は5年ほど保有してから売却することが多いのですが、横ばいの時期に買えば、売却時に損をする可能性も低くなります。きれいにリフォームして売りに出せば、買った時より高く売れることもあるくらいです。

将来の「資産価値」を考えた住宅選び

「一生住み続けるつもりだから、資産価値なんて関係ない」という人もいるかもしれません。

しかし、本当に住み続けられるかどうか、先のことは誰にもわかりません。リストラ、離婚、病気など、何らかの事情でお金が必要になり、家を売らなければならなくなる可能性もあります。そうなった時に資産価値が大きな意味を持ってきます。

例に挙げた日系企業の先輩のケースでは、現在、買ったマンションの価値が住宅ローンの残債を下回っています。こうなると、万が一のことが起こっても、売るに売れない状況です。売ったとしても住宅ローンが残ってしまうからです。

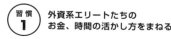

逆に外資系の先輩は、最初から一生住み続けるつもりは全くなく、家族構成や仕事の変化に応じて、その都度、新しい家に住み替えていくつもりでした。

実際、購入10数年たってから銀座のマンションを売却し、今度は港区の6千万円ほどのマンションに引っ越しました。10数年間のトータルでの住居費はほぼ無料どころかむしろ自宅を売却して数千万円の貯金まで手に入れました。しかも自宅の売却の場合は3000万円までの特別控除があるので、売却益が3000万円までなら税金もかかりません。**ただ自宅に住んでいただけで資産形成ができてしまったのです。**

マイホームは人生の三大出費に数えられる高い買い物です。だからといって、郊外の戸建や新築マンションを選んでいては、結果的に損をするだけ。

将来のことを考えれば、少しだけ背伸びをしたとしても10年、20年たっても価値の落ちにくい住宅を購入することが大切です。

「借金」は本当に悪なのか？

日本人はなぜ借金嫌い？

子供の頃、親に「借金してはいけない」「欲しいものがあればお金を貯めて買いなさ

図1-4 5人に一人が住宅を現金で一括購入!

●住宅購入時の住宅ローンの有無

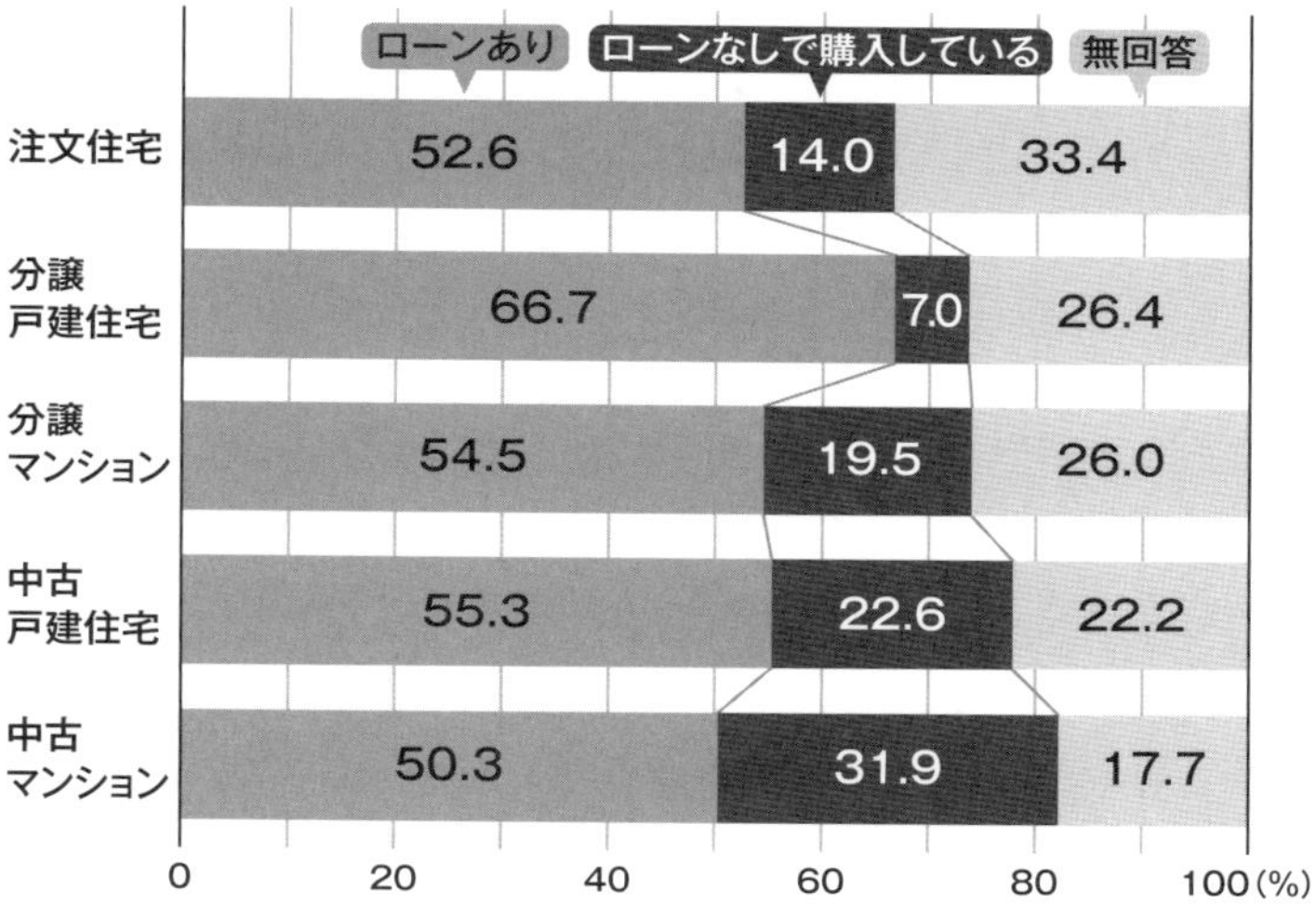

出典:「平成27年度住宅市場動向調査」(国土交通省)

●クレジットカードを積極的に利用したいと思いますか?

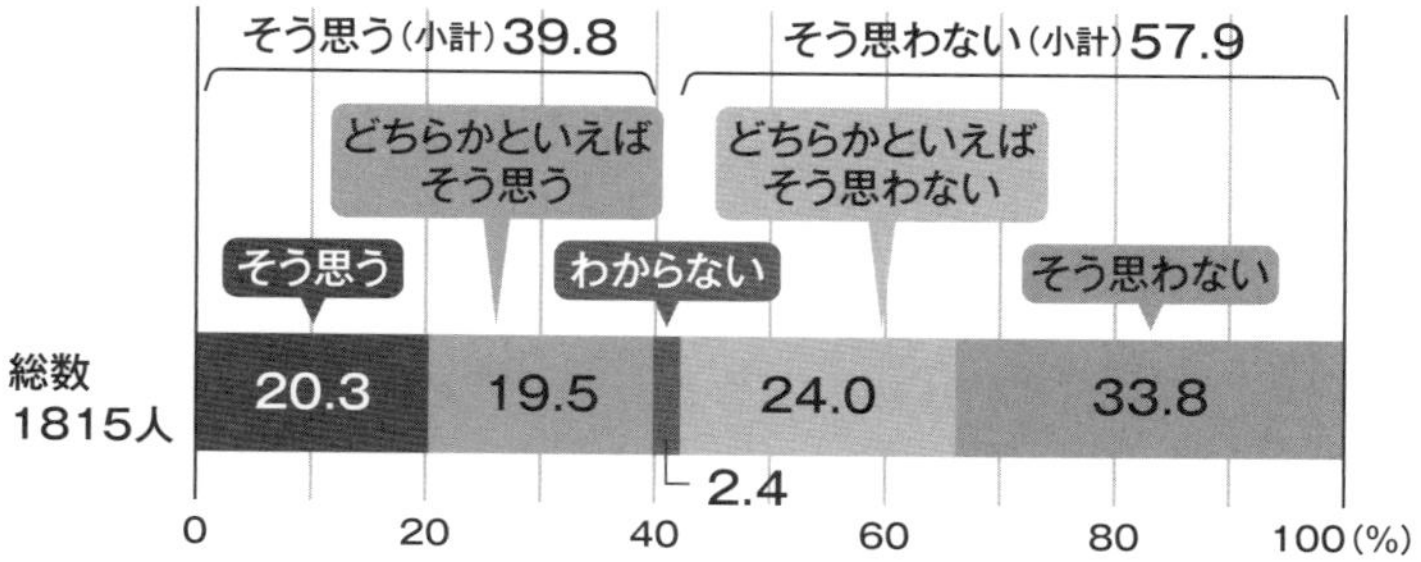

出典:平成28年7月 「クレジットカード取引の安心・安全に関する世論調査」(内閣府)

い」などと言われて育った人も多いでしょう。

国土交通省の「平成27年度住宅市場動向調査」によれば、住宅を取得した世帯のうち「住宅ローンなし」と答えた割合はおおむね2割前後となっています。じつに5人に1人が、現金一括で住宅を購入していることになります。

身近な借金といえば「クレジットカード」があります。内閣府の「クレジットカード取引の安心・安全に関する世論調査」によれば、「クレジットカードを積極的に利用したいか」という質問に対して、「そう思う」「どちらかといえばそう思う」人の割合は約40％です。

6割の人が、積極的には利用したくないと考えていることになります。クレジットカードの保有率は8割を超えていますから、「持っていてもできるだけ利用したくない」と考える人がかなりの割合でいるということです。

こうしたデータを見ると、日本人の借金嫌いがよくわかるような気がします。

ともかく、日本においては「借金＝悪」というイメージを持っている人が多いのです。これはもうDNAに刻み込まれてしまった国民性なのかもしれません。

✓本当に借金は悪なのか？

ところで本当に、借金は悪なのでしょうか？

私は決してそうは思いません。私は大学生の頃に初めて借金をしました。バイクを買うためです。

当時アパートで一人暮らしをしていたのですが、大学までの道のりは遠く、坂道だったため歩いて通うことは大変でした。初めのうちはバスを使って通学していたのですが、本数が少ないため、かなり不便です。学校帰りにアルバイトをするにも、時間の都合を合わせるのが大変だったので、私は通学の足にバイクを買うことにしました。免許を取ったらお金がなくなってしまったので、バイクはローンで購入しました。これが初めての借金です。月々2～3万円を、2年くらいかけて返済しました。50万円くらいの額ですから、アルバイトでも頑張れば貯められないことはありません。現金を貯めてから買えば、ムダな利子は支払わないで済みました。

しかし振り返れば、この時に借金して良かったと思っています。

まずバイクを利用することで通学が格段に楽になりました。アルバイトへ行ったり、買い物に行ったりするにも、バスの時間を気にしなくていいので、効率よく時間を使えるようになりました。ガソリン代はかかりますが、その反面バス代は浮きます。

さらに友人とツーリングに行くなど楽しい思い出も作ることができました。

「いい借金」と「悪い借金」

私は、借金には「いい借金」と「悪い借金」があると思います。

借金することでお金や時間を生み出してくれるなら、それは「いい借金」です。

一方、旅行に行くため、贅沢品を買うためなど、目の前の欲求を満たすだけの借金は「悪い借金」です。それらの借金はただ財布からお金を奪っていくだけです。

賢い人ほど、借金を上手に利用しています。私も、投資用の不動産を買ったり、新たな事業を始めたりする時には、銀行から多額の融資を受けます。現金一括で買える額であっても、融資を受けることの方が多いです。

これほど低金利で借りられる環境があるなら、借りない方が損だからです。

お金を持っていたとしても、「いい借金」ができるなら積極的にしていくべきなのです。

図1-5「いい借金」と「悪い借金」

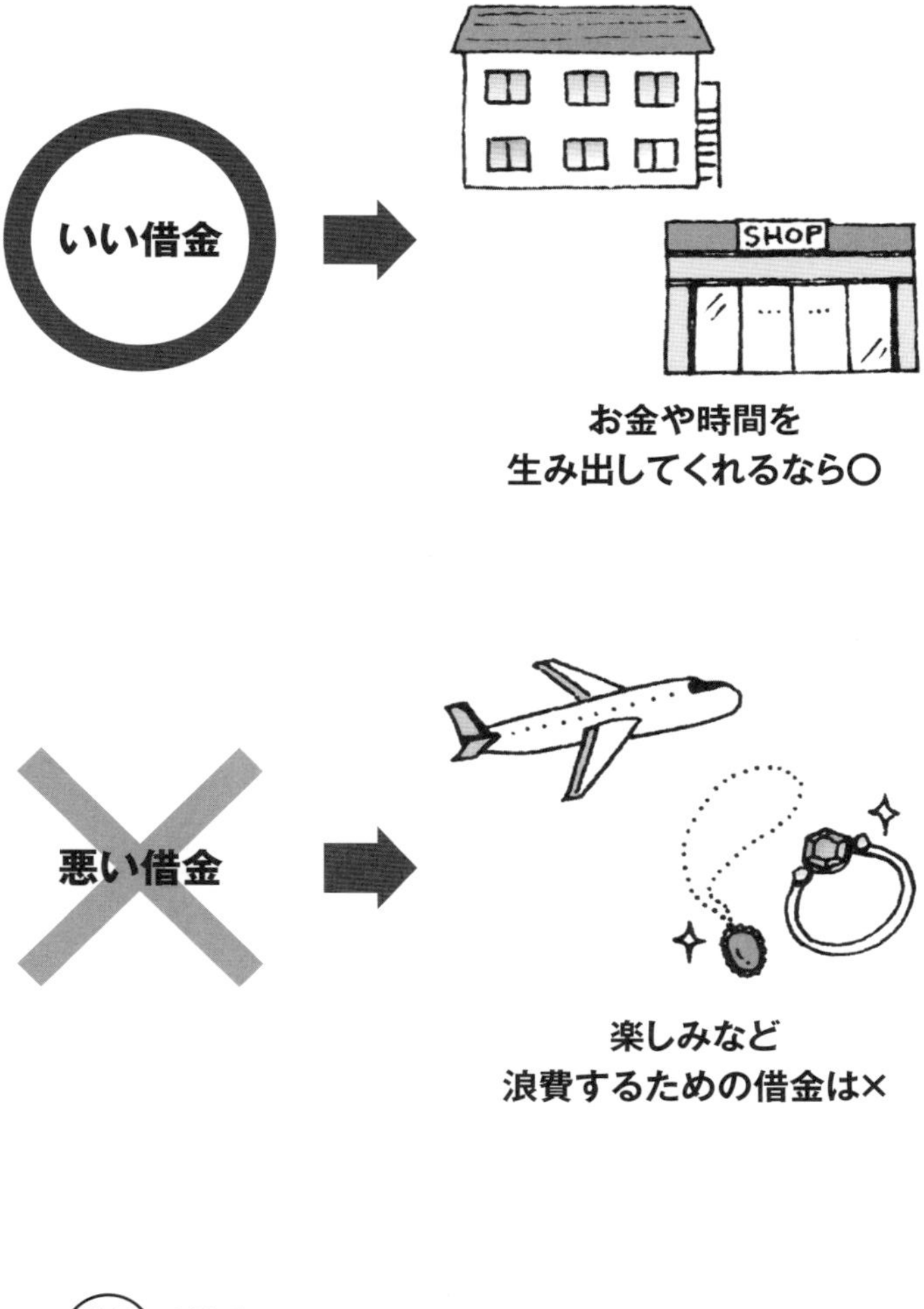
いい借金
SHOP
お金や時間を
生み出してくれるなら○
悪い借金
楽しみなど
浪費するための借金は×

日本人の約9割がリスク性資産を持っていない

日本人は貯蓄が好き

日本人の借金嫌いの裏を返せば、貯蓄が好きということでもあります。次のグラフをご覧ください。日本、米国、欧州で家計が保有する資産にどのような違いがあるのかを比較したものです。

日本の家計の資産構成は、安全資産である現金・預金が52・3%と圧倒的な割合を占めます。一方、株や投資信託といったリスク性資産の割合は約13・6%に過ぎません。

対照的にアメリカでは、現金・預金の割合は13・9%だけ。そしてリスク性資産の割合が約46%で過半を占めています。日本人がいかに貯蓄が好きかがよくわかりますね。

しかし、今はリスクを取らなければお金はふえません。

図1-6 日本人は「現金・預金」の割合が半分以上

●家計の金融資産構成

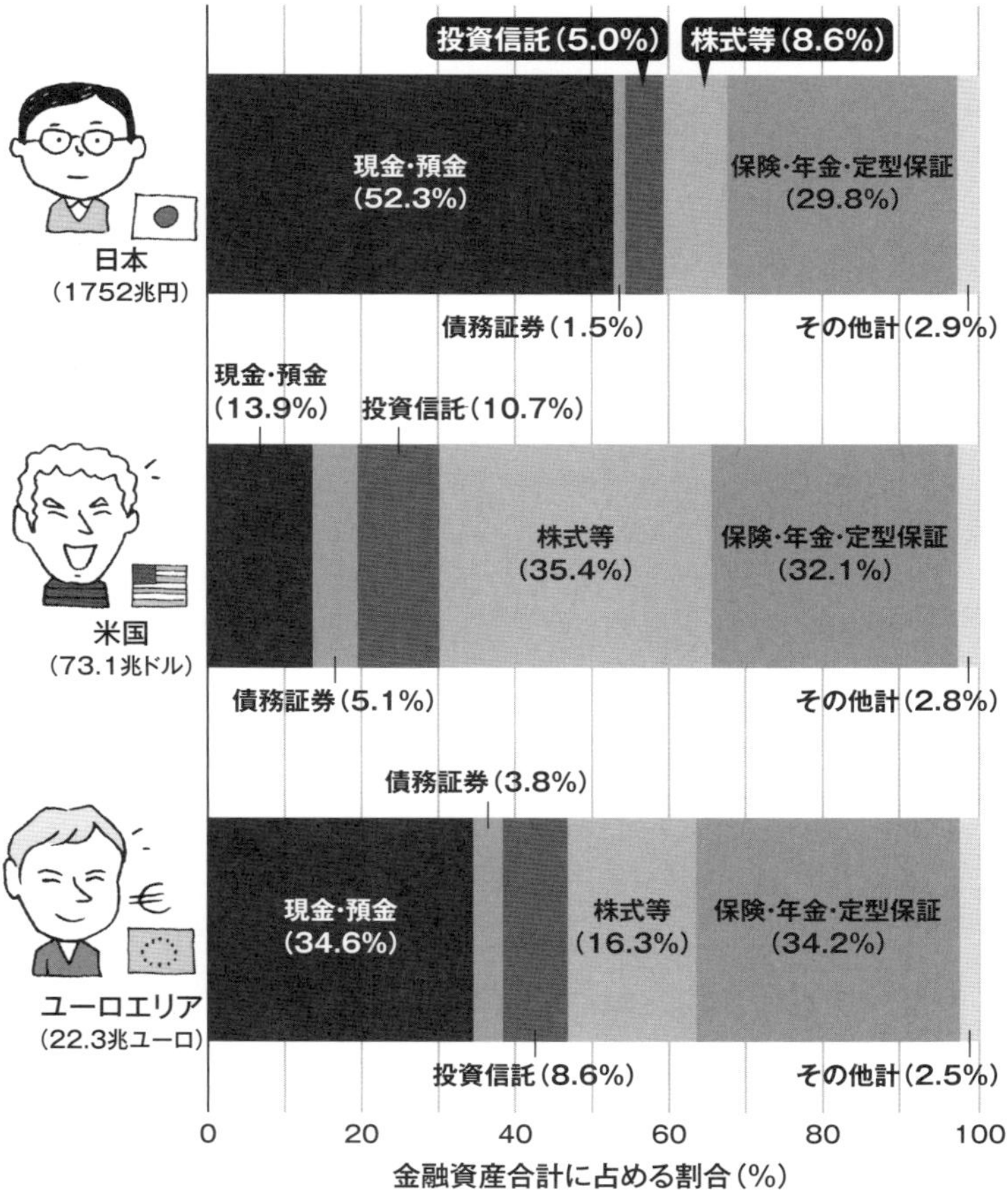

＊「その他計」は、金融資産合計から、「現金・預金」「債務証券」「投資信託」
「株式等」「保険・年金・定型保証」を控除した残差。

出典：日本銀行「資金循環の日米欧比較」(2016年12月22日)

マイナス金利下ではお金はふえない

かつては、銀行に預けていただけでもお金がふえた時代はありました。

１９８０年代頃には、普通預金でも３％超、定期預金に至っては12％にも達していました。

銀行に預けておくだけで、お金がどんどんふえていく。そんな状況が40年ほど前まではあったのです。これなら下手に資産運用などはしないで、貯金しておいた方がいいかもしれません。

しかし現在の状況は全く違います。

２０１６年初め、「マイナス金利」という言葉が話題になりました。日本銀行が金融政策の一環として導入を決定したためです。

マイナス金利とは何か。私たちが銀行に預金すると、わずかながらも利子がつきますよね。それと同じように、全国にある各金融機関も日本銀行にお金を預けると、本来は利子を受け取ることができます。

図1-7 以前は高かった金利も今や0に近い

●郵貯等の金利推移

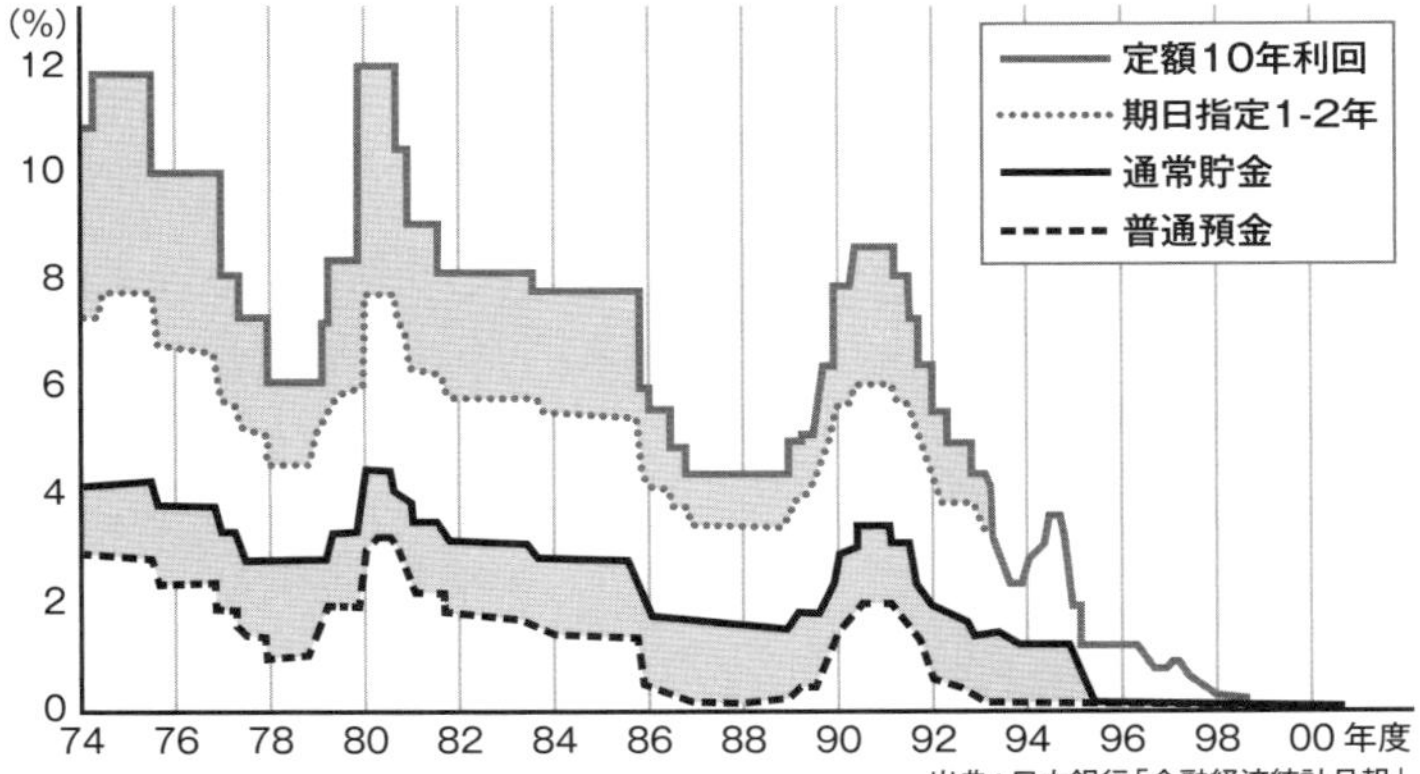

出典：日本銀行「金融経済統計月報」

しかし、日銀の新たな政策により、銀行が新規で日銀に預けるお金に関しては、金利がゼロを下回るマイナスにすることにしたのです。これが「マイナス金利」です。

銀行としては、日銀にお金を預けているだけで資産が減ってしまいます。それならば、企業や個人にどんどん貸し出してそこから金利や手数料を取った方がいい。それで市場にお金が巡るようになり、景気が刺激されるはず、と日銀は考えたわけです。

マイナス金利は、私たち個人が預けている普通預金や定期預金には今のところ適用されていません。しかし、金利は限りなくゼロまで近づいています。２０１６年末現在、メガバンクの普通預金金利は０・

001％という異様な低水準です。

仮に1000万円を預けたとしても、1年間で得られる利息は、たったの100円。1年間で一度でも営業時間外にATMを使い手数料を取られてしまったら、利息分が吹き飛んでしまいます。

これはもう、一般の預金者にとってもマイナス金利に突入しているのと同じ状況です。お金を銀行に預けておくだけでは、減っていくことになります。

じわりと家計に迫るインフレ

金利だけではなく、物価上昇率も問題です。

日本ではバブル崩壊以降、長らくデフレが続いていました。デフレとはモノの値段が下がり、お金の価値が上がっていく現象です。

物価を知るのに「消費者物価指数」というものがあります。総務省統計局が毎月作成しているものですが、次ページの図1－8をご覧ください。

1950年頃から1990年代半ばまでは、物価は右肩上がりに推移していました。

図1-8 これから物価が上がりそう

●消費者物価指数（CPI）推移

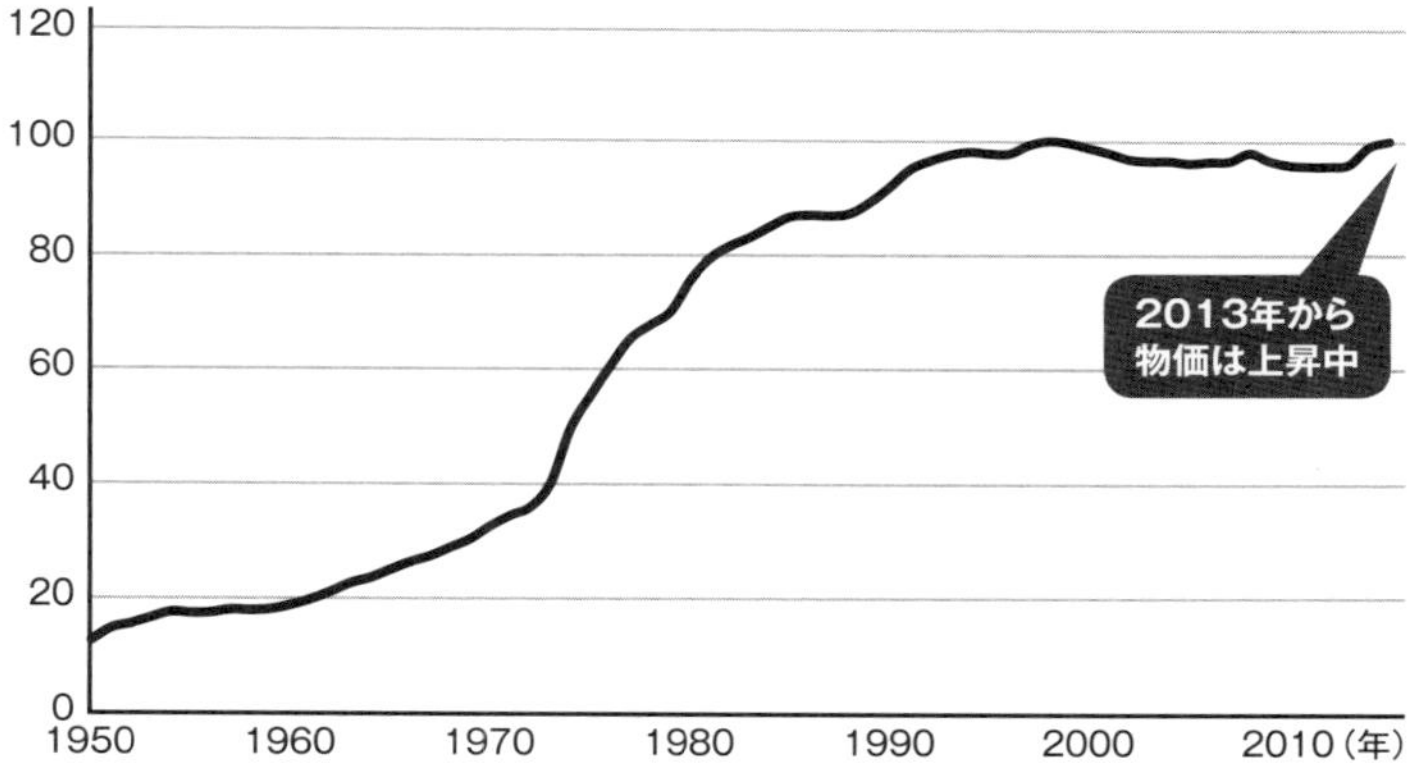

出典：総務省統計局

図1-9 教育費はずっと右肩上がり

●国立大学・私立大学授業料の推移

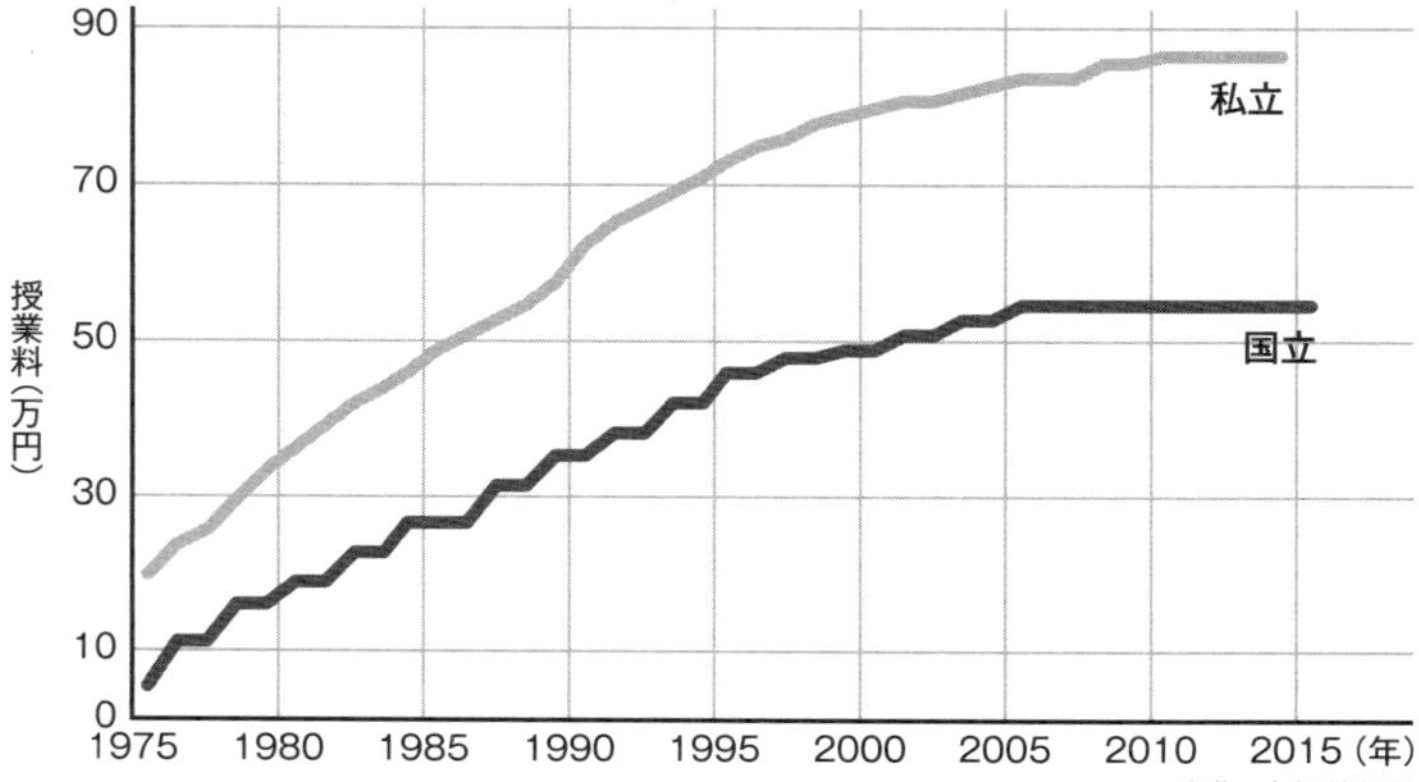

出典：文部科学省

そしてその後20年ほどの間は、物価がほぼ横ばいから下がり気味だったのがわかります。

このようなデフレ環境下では、お金の価値は放っておいても上がっていくので、貯金しておくだけでも困ることはありませんでした。

しかし今、アメリカを中心とする世界経済の成長、経済政策「アベノミクス」の推進、企業のグローバル化や収益力強化といったことを背景に、日本も長らく続いたデフレのトンネルからいよいよ脱出しようとしています。

政府と日銀は2％のインフレ率という目標を掲げ、さまざまな金融政策を実施。これらの結果、物価やサービスの価格は上昇し、消費者物価指数は２０１３年から上向きに転じています。日々の生活のなかでも、食料品などが高くなっていることを実感している人も多いのではないでしょうか。

また、前ページの図１－９のグラフを見てもわかるように、教育費はデフレとは関係なく上がり続けてきました。たとえば約30年前の１９８５年の授業料と、２０１４年の授業料を比べると、国立で約2倍、私立で約１・８倍に増加していることがわかります。

物価の上昇に伴って収入も順調に伸びていけばいいのですが、そのような恵まれた環境にある人はあまり多くいません。給料は増えないのに、教育費だけ徐々に上がって家計の負担になっている。そんな人の方が多いはずです。

今後も物価が上昇していくと考えると、お金を銀行に預けておくだけでは、資産の価値は徐々に目減りしていくことになります。お金を目減りさせないためには、銀行に寝かせておくのではなく、活かしてふやす必要があるのです。

「貯蓄から投資へ」の流れ、スイスなどで加速

マイナス金利政策で日本に先行している国があります。スイス、スウェーデン、デンマークです。

スイスでは2015年10月にマイナス金利が導入され、一部の銀行では個人向け預金にもマイナス金利としているそうです。スウェーデンやデンマークでも、大口顧客

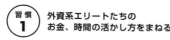

向けの預金はマイナス金利となっています。

こうした施策が功を奏して、お金を寝かせておくだけではもったいないと考えた企業や個人が、積極的な投資を行うようになっています。マイナス金利導入後、徐々に投資信託や株式といったリスク資産の残高が上がってきているのです。

日本においても政府がＮＩＳＡ（少額投資非課税制度）やｉＤｅＣｏ（個人型確定拠出年金）といった制度を整備するなど「貯蓄から投資へ」の流れを加速させようとしています。

その流れは今後大きな効果として現れることになるでしょう。

もし、日本の家計に眠っている９００兆円の現金や預金が、投資へと流れ出せば、株価上昇→企業収益向上→個人の収入が上昇→景気拡大、という好循環に突入する可能性も大いにあると考えています。そうなった時に波に乗り遅れないためにも、今から資産運用のリテラシーを高めておく必要があります。

会社のためではなく自分のために働く

「会社のために」一生懸命働く日本人

日本人には、自分を犠牲にしてまで「会社のため」「世の中のため」に働くことが美徳であるというような風潮があると思います。

実際に私が日系企業で働いていた頃は、サービス残業や休日出勤は日常茶飯事で、有給休暇も取りづらい雰囲気がありました。毎年使い切れなかった有給休暇を何日分も捨てていました。

ほかにも、上司や会社の決定は絶対的であり、本人の意思も聞かずに転勤させられたり、やりたくない仕事をやらされたりすることも多々ありました。「会社のために働いている」という意識がすごく強かったことを覚えています。

それでも私は、「頑張って働いていれば誰かがそれを見ていてくれる。いずれ評価されて、昇給・昇進が後から付いてくる」と当たり前のように思っていました。周囲の同僚も同じように考えていたと思います。

長年の年功序列制度の影響か、会社が絶対的な存在になり、会社に従っていれば定年まで安泰と誰もが考えていました。

ところが、そんな会社から私は簡単にリストラされました。大学院卒業後、新卒で入社して、まだ2年目の夏のことです。

会社が買収されるのに伴い、人員を減らす必要があるというのがリストラの理由でした。世間でリストラといえば、定年間近の中堅社員以上がされるというイメージです。まさか自分の身に降りかかってくるとは考えてもいませんでした。

ようやく仕事にも慣れ社会人としてこれからスキルを磨いていこうという時期だったので、本当にショックだったことを覚えています。

「自分のために」会社を利用する外資系エリート

一方、外資系企業では、「会社のために働く」などという風潮は全くありません。

特にアメリカでは、18歳から46歳までの間に平均して11・7の職に就くというデータもあるくらいの転職大国です。実際に私は3社の外資系企業（米系2社、英系1社）で勤めましたが、人の入れ替わりの早さには驚きました。

働いている社員は一生その会社に居続けようと思っている人はほとんどおらず、いかに会社を利用して、自分のスキルやキャリアをアップしていくかを常に意識しながら働いています。

会社もそれをわかっているので、優秀な社員に長くいてもらうために、社員の満足度を高める努力を怠りません。

また、外資系で働くエリートは自分の権利もしっかりと主張し、昇進や昇給についても積極的に上司と話し合います。有給休暇も必ず、ほぼすべて使い切ります。

会社のために働くという意識で働いている人はほとんどいません。みんな自分の未来のために働いていると言えます。

だから突然リストラされたとしても、それほど慌てません。会社というのはそういうものだとわかっているからです。それに自分にどのようなスキルがあり、転職市場でどれくらいの価値があるかを知っています。リストラされたら、割増退職金を使って休みながら、じっくりと次の就職先を探せばいいだけです。

これからはリストラしやすい社会になる

最初に勤めた会社も含めて私は、サラリーマンをリタイアして独立するまで職を4回変えましたが、うち2回はリストラをされて退職しています。

この経験でわかったのは、会社のために一生懸命、自分の時間を犠牲にして働いてきたとしても、会社はいざ業績が悪くなったらあっさりと社員を切ってしまうということです。

とはいえ、日本国内の労働者は労働基準法で守られているので、簡単にリストラされるということはありませんでした。いざリストラしようと思っても、法律で決められたいくつもの要件を満たさないと実施できないのです。もし要件を満たさずに無理やりリストラを進めてしまい、解雇した人から裁判を起こされれば、会社側は負けてしまいます。

しかし、これからはもっとリストラしやすい社会になっていくかもしれません。

日本政府は平成27年6月、解雇についての規制を緩和する「解決金制度」のあり方について検討することを閣議決定し、現在その導入に向けた議論を進めています。これは要するに、「お金を払えばクビにできる制度」です。もしこの制度が実現すれば、会社は社員を解雇しやすくなります。

働く社員は、いつでもあっさりとクビを切られてしまう可能性があるということ。そんな事態に備えて、**会社のためではなく、自分のスキルやキャリアのために仕事をすることが重要な時代**になっています。

英語を身に付けると、情報もビジネス能力も倍増する

外資系企業ではTOEICの点数は問われなかった

外資系企業で働いていたなんて言うと、「さぞ英語ができるんだろう」「最初からそこ

そこ英語ができたのでは」と思われるかもしれませんが、決してそんなことはありません。

新卒で入社した会社は、日系・外資系半々の資本が入った合弁会社でしたが、社内でのコミュニケーションはほぼ日本語で、社風も日本企業でした。次に転職したITベンチャーも日本企業。その次に転職した証券会社が、私にとって初めての本格的な外資系企業でした。

ITベンチャー時代の上司が先にその企業に転職していて、私を誘ってくれたのがきっかけでした。

外資系企業ですから、当然ながら社内でのコミュニケーションは英語です。英語の勉強なんて大学受験の時にしたのが最後だったので、ちょっと読み書きができるくらいのレベルでした。自信はなかったのですが、それでも思い切って面接に臨んだところ……案の定、落ちました。面接官が何を言っているのか、さっぱりわからないのです。

そこで一念発起して、英語の勉強を始めました。仕事中はヘッドホンで英語の教材を聞きながら作業。会社帰りや休みの日には、外国人に喫茶店で英語を教えてもらう、そんな英語漬けの毎日を送ったことで、半年後に再度受けた面接で、かろうじて入社することができました。

付け焼き刃で身に付けた英語ですから入社後も苦労しました。会話もメールも英語で、会議中なんてほかの人が何を言っているのかさっぱりわからない……。

それでも何とかなるものです。悪戦苦闘しているうちに、だんだん英語が身に付いてきました。そして、ある日突然、頭の中で日本語に翻訳しなくても、英語で相手の言っていることを理解できるようになりました。

私の英語力はこのようにして実戦で身に付けましたから、TOEICなどの英語の試験を受けたことなどはありません。外資系企業に入社する際の面談でも、「TOEICは何点か？」とは全く聞かれませんでした。入社してからもそれらを話題にしている人を見たことがありませんでした。

彼らにとっては、英語は単なるコミュニケーションの手段。試験の点数なんて関係ないのです。英語に限らず、何らかの資格を問われるとか、資格を持っていると手当が出るといったこともありませんでした。

「その人がどんな仕事をできるか」。それだけが問われる実力主義の世界なのです。

英語ができるだけで情報収集の質が高まる

いずれにしてもあの時に英語を身に付けて本当によかったと思っています。世界の人口70億人のうちだいたい25%が英語を使っています。つまり英語を使えるようになるだけで、世界中の4人に1人と、自由にコミュニケーションが取れるようになるからです。

日本において英語でコミュニケーションできる人の割合は、数%だと思います。日本では英語ができるだけで大きなアドバンテージとなり、就職できる企業の幅も広がります。

ビジネスや投資に必要な情報も、海外発のことが多いものです。たとえば、金融の世界で最も注目されているキーワード「フィンテック」について、グーグルで調べてみました。

英語で「Fintech」と検索すると、出てくる結果は1900万件。

日本語で「フィンテック」と検索すると、出てくる結果は178万件。

情報量の圧倒的な違いに驚かされます。情報量が違うと、情報の質も違ってきます。

日本語でしか情報収集していない人は、英語で情報収集している人と比べて、質の低い情報しか得られていないということです。

英語で検索したら、壊れたファイルを救出できた

つい最近も、英語に助けられました。

ワードで原稿を書いていて、それを「ドロップボックス」というストレージサービスに保存していたのですが、ある時突然パソコンが不調になり、ワードの原稿が開けなくなってしまったのです。

いろいろな方法を試したのですが、ファイルを復活させることはできません。グーグルでいろいろなキーワードを入れて検索するのですが、自分と同じような症状は見つかりません。これまで2週間かけて書いた原稿がパーになってしまうのかと、非常に焦りました。

しかし英語で検索したところ、検索結果が日本語サイトの10倍以上出てきて、有効なヒントを見つけました。それに従ってリカバリーファイルを見つけ出し、そこから文字列を抽出して……という作業で、なんとかテキスト部分だけは救い出すことができました。２週間分の仕事がムダにならずに済んだのです。

このように英語が使えたおかげで、転職できたり、新しいビジネスで稼ぐことができたり、世界中の質の高い情報を得られたりと、得したことはたくさんあります。

英語を身に付けるには時間も根気も必要ですが、非常にリターンが大きい投資だと考えています。活用できるのかどうかわからない資格を取るよりも、少しでも英語を身に付けた方がよほどいいと思います。

最近ではスカイプを使ってフィリピンの英語教師とマンツーマンで勉強するなど、英語を安価に勉強できるサービスがたくさんあります。高額なスクールに通わなくても、やる気さえあれば十分、身に付けることができるはずです。

習慣 2

フロー収入とストック収入を持つ

フロー収入とストック収入

フロー収入には限界がある

収入には、「フロー収入」と「ストック収入」の2種類があるのをご存じでしょうか。

フロー収入とは、毎回単発でモノやサービスを提供し、収入を得ること。たとえば小売店や飲食店といったビジネスは、毎日お店を開くことで売上を上げていますから、フロー収入に分類されます。

フロー収入のメリットは当たれば大きいこと。お店が繁盛したり、販売している商品がヒットしたりすれば、大きく稼ぐことが可能です。

ただし人気や景気に左右されるため、収入が安定していません。一旦人気が落ち込むと復活するのはなかなか大変だったりします。そして当たり前ですがお店を開かない限り、収入は得られません。

フロー収入をもっと増やそうと思ったら、人を雇うしかありません。たとえば自営業の人なら、人を雇ってビジネスの規模を拡大し、売上拡大を図るしかない。自分1人の力ではなかなか収入アップにつながらないのが、フロー収入の特徴です。

サラリーマンのお給料も大別すればフロー収入に属しています。

「毎月決まった給料がもらえるのになぜ？」と思うかもしれません。でもサラリーマンだってお店と同じように、自分の時間を費やして働き続けなければ給料はもらえません よね。それに給料は安定していても、ボーナスは会社の業績や自分の成績によって大幅に変わり、ゼロになることもあります。そして、会社が倒産したりリストラされれば収入が途絶えてしまうことになります。

働き続ける必要があり、安定しないという意味で、給料もフロー収入なのです。

ストック収入は最初に仕組みを作るだけ

では「ストック収入」とはどんなものでしょうか。

ストック収入とは、一度仕組みを作ってしまえば、後はあまり手間を掛けなくても、継続的に収入が得られるものを指します。

身近な企業の話でいえば、電気・ガス・水道といったインフラです。最初に発電所や電力網を構築するには莫大なお金がかかりますが、一度作ってしまえば、あとは何十年も働き続けてくれます。一旦契約した顧客はなかなか解約することはないので、毎月安定した収入が得られます。定期的な設備のメンテナンスだけで、何十年も継続的に安定した収入が得られる。これこそまさにストック収入の代表でしょう。

最近ではアップルやアマゾンなどの世界的大企業も音楽配信の定額制や本の定額読み放題など、ストック型のビジネスに力を入れ始めています。

みなさんの身の回りのストック収入といえば何でしょうか。

銀行預金につく利息はストック収入です。銀行にお金を預けておけば、金利に応じた利子がついて定期的に口座に入金されます。とはいえ最近は定期預金でも0・1％程度ですから、収入と呼ぶには心細すぎます。

株式の配当金、投資信託の分配金もストック収入の一種です。たとえば日本を代表する企業であるトヨタ自動車の年間配当利回りは約３％。もしトヨタの株を

1000万円分買ったら、1年間で約30万円を受け取ることができます。

ストック収入のメリットは、安定的・継続的にお金が得られること。ただし株式投資などは価格の変動が大きいので、厳密な意味でストック収入と呼べるかは難しいところです。

フロー収入とストック収入を組み合わせる

多くの人はフロー収入だけしか持っていません。つまりサラリーマンとしての給料しか収入を得る手段がない。

しかし、前述したようにフロー収入だけでは安定しません。働き続けない限り収入は得られないし、働く時間を増やしたり、人を増やさない限り収入アップは難しいからです。

病気やケガで働けなくなったり、安定していると思っていた会社が突然倒産したりといった事態に見舞われる可能性は、誰にでもあり得ます。そんな時にフロー収入しか持っていないと、どこからもお金が入ってこなくなってしまいます。

この事実をしっかりと受け止めて、フロー収入だけに依存する生活から脱出する努力をする必要があるのではないでしょうか。

いつ働けなくなっても、会社をリストラされてもいいように、元気に働ける今のうちからストック収入を構築しておくのです。

私はこのストック収入の大切さを、ロバート・キヨサキの『金持ち父さん貧乏父さん』から学びました。それからはさまざまなストック収入作りに取り組みました。

ストック収入は構築するまでが少々大変なこともありますが、一度作れば、あとは手があまりかかりません。放っておいてもお金を稼いできてくれます。

フロー収入を使ってストック収入の仕組みを作り、これらから得た収入を使ってさらにストック収入の仕組みを作る。この習慣を続けるだけで、あとは雪だるま式に収入をふやすことができます。

ストック収入の素晴らしさを実感したのは、アパートを一棟買って家賃が入ってきた時です。通帳に記帳された数字を見て、「本当に何もしなくても家賃がもらえるんだ」と感動したのを覚えています。

この章ではいろいろなストック収入の作り方を紹介していきます。

いろいろなストック収入を持てばリスク分散になる

ストック収入は複数持つことが大事

ここで私が実際にどんな収入を持っているのか次ページの図2－1をご覧ください。

最も規模が大きいのは賃貸住宅からの家賃収入です。アパート・マンションを関東や北陸地方で運営しています。

ただし、賃貸市場は年々厳しくなっていると感じています。人口や世帯数は減少しているのに、節税対策や資産運用として新築アパートが日本中にどんどん建てられているからです。大都市・横浜でさえ木造アパートの空室率が40％を超えているエリアがあるそうです。

私はエリアの需要と供給をきちんと見極めて、なるべく安定した運営ができる物件

図2-1 私の収入の主な内訳

フロー収入

- 資産運用コンサルティング

ストック収入

- 国内の賃貸住宅（アパート、マンション）
- 海外の賃貸住宅（コンドミニアム）
- 太陽光発電システム
- トランクルーム
- Airbnb

↓

ストック収入を
多く持つことがポイント！

を購入してはいますが、それでも徐々に状況が厳しくなっていくでしょう。不動産投資の経営手腕が問われる時代になっています。

海外不動産、トランクルームや太陽光発電については後ほど詳しく説明します。

しかし、いくらストック収入が安定的といっても、多少の変動はあります。また、一度仕組みを作ったからといって未来永劫続くものではなく、市場環境や法制度の変化によって、収入が減ってしまったり途絶えてしまう可能性もあります。

だからこそ**ストック収入は、リスクを分散するためにも複数作っておくべきだ**と思います。

フロー収入は自分の労働が原資になっているので、なかなか複数作ることはできませんが、**ストック収入ならば、仕組みの作り方次第でたくさん増やしていくことができます。**

空室対策として始めたＡｉｒｂｎｂが最高のストック収入に

パリで体験。Ａｉｒｂｎｂの楽しさを知る

私のストック収入の中でも旅行者向け空き部屋紹介サービスの「Ａｉｒｂｎｂ」は、この事業が広まる前に始めたこともあり安定した収入となっています。Ａｉｒｂｎｂとは、今や「民泊」の代名詞にもなっていますが、主に旅行者向けに部屋を短期で貸し出すサイトのことです（https://www.airbnb.jp/）。ホスト側は、マンションや、一軒家など貸し出したい部屋をサイトに掲載、そして借りたい人はそのサイトを通じて申し込み、お金を支払うというものです。

最初にＡｉｒｂｎｂを知ったのは、２０１４年、パリに旅行に行った時でした。旅行を計画している時に、パリのホテルが非常に高く、また予約もなかなか取れないということを知りました。そんな時に外資系の外国人の同僚に「Ａｉｒｂｎｂを使

うといいよ」と教えてもらいました。

当時、日本には未上陸で、知っている人もほとんどいなかった時のことです。面白そうだと思い、全日程のなかでホテル半分・Airbnb半分で予定を組みました。

そして実際に泊まってみるとビックリ。ホテルの半額で、ホテルの倍以上の広さの部屋に泊まれてしまうのです。

しかも、ホテルにはないキッチンや洗濯機もついていて、長期の旅行にはとても使いやすい。私が泊まる時には部屋のホスト（部屋を提供している人）から直接鍵を受け取ったのですが、ついでに周辺の観光案内をしてくれたり美味しいお店を紹介してくれたりと、とても親切にしてもらいました。

安くて便利で、しかも楽しい。これは絶対に日本でも流行るなと思いました。

地方都市でも利用する観光客はいた

日本に帰ってきてから、さっそく私もAirbnbを始めることにしました。

不動産投資用に購入した北陸地方のマンションで空室が出て、なかなか入居者がつかなかったので、試しにその部屋で運用することにしたのです。

当時Ａｉｒｂｎｂの知名度はなく、今のようにネットに情報がたくさん載っているわけではありません。私は家具を設置したり、鍵を暗証番号で開ける電子ロックに交換したりと、自分なりに考えつつ部屋をセッティングしました。

次に、利用された部屋を掃除してくれる人を探さなければなりませんでしたが、今のように専門の業者はありませんでした。地元のシルバー人材センターの方に相談し、かなり安くやってもらえることになりました。

有名な観光地でもない地方都市に、外国人観光客が来るのかという不安はありましたが、実際にオープンしてみるとかなり好評ですぐに予約が入り始めました。

実は北陸地方は東海地方などとともに「昇り龍ルート」という縁起がいい観光ルートとして、中国系観光客に人気があるのです。また周辺にほかのＡｉｒｂｎｂの部屋がないというのも好条件でした。

そして普通に貸しに出したら家賃5万円程度しか取れない部屋が、その3倍以上稼いでくれるようになったのです。平均的な稼働率は8割ほどです。

予約対応や問い合わせ対応などの手間はかかりますが、ほとんどが同じような質問なので、定型文を作成してコピー&ペーストで対応しています。外国人の場合、英語だけでなく中国語でも問い合わせが来ますが、すべて英語で返答しても問題なくコミュニケーションできますし、日々の掃除やゴミ出しなどはすべて人に任せているので、東京に住みながら現地に行くことなく運営できています。今ではAirbnbの運営も外注しつつあるので手間もかからず非常に投資効果の高いストック収入となっています。

もっともセミリタイア者を出しているストック収入の正体とは

不動産を持たなければセミリタイアできない!

私の周りのセミリタイアした人は、主にどんなストック収入を持ってセミリタイアしていると思いますか？

それは国内外でアパートやマンションを購入し、その賃料収入で生活しているというケースです。セミリタイアをする人たちのほぼ１００％が不動産投資をしているといっても差し支えないでしょう。不動産投資以外では普通のサラリーマンがセミリタイアできることはあり得ないと考えています。

外資系時代の同僚でも、社員時代からコツコツと不動産を買うなどしてストック収入を構築し、その後セミリタイアした人は本当に悠々自適という感じです。何せ自分はほとんど働かずに定期的に収入が得られるわけですから。自由な時間を使って趣味に没頭することもできますし、新たなビジネスを起業するにも余裕を持ってスタートできます。

これは私の同僚だけの話ではありません。古今東西のお金持ちは必ずポートフォリオの一つとして不動産を組み込んでいます。これはつまり、どんなに高給取りでも優秀なサラリーマンでも、不動産を持たなければセミリタイアして、悠々自適な生活はできない、ということではないでしょうか。もちろん起業してお金持ちになる人や株やＦＸで大儲けする人もいますが基本的に自分が働き続けるか相場を見続けないといけません。

「賃貸経営している人はもともと地主だったんじゃないの？」

「お金持ちだから不動産を買ったんでしょ」

という人もいるかもしれませんが、それは違います。地主ではない人も、ごくごく一般的な収入レベルのサラリーマンであっても、不動産を買って賃貸経営を始めることはできます。

「優秀な人じゃなければ不動産経営なんて成功しない」と思っているかもしれませんが、そんなことはありません。

賃貸アパートやマンションを経営している人の多くは昔からの地主や土地持ちの農家で、ほとんどは高齢です。つまり、おじいちゃんおばあちゃんでもできるのが賃貸経営なのです。

そして、そういう人々は余裕があるので、賃貸経営に対して勉強熱心でなかったり、空室があってもあまり気にしていなかったりします。

日本の人口は減少し、空室率上昇が叫ばれており、賃貸経営は今後どんどん厳しくなっていくでしょう。努力しないで楽に勝てる状況ではなくなっていきます。しかし、実際に市場に参入しているプレーヤーは、そのような「ゆるい」人が大半を占めていることを考えると、**一般的なビジネス感覚を持ったサラリーマンであれば、まだまだ余裕で勝てる市場だと思います。**

セミリタイアを狙っているのであれば、ストック収入の中心として不動産を持つことをまず考えるべきでしょう。

習慣
3

「リスク」の考え方を身に付ける

みんなが気づいていない、何もしないことのリスク

退職後の生活資金、ほとんどの人は足りない

普段何気なく使っている「リスク」という言葉。本当の意味をご存じでしょうか？一般的にリスクと言えば、「危険性」「損害を受ける可能性」などの意味合いで使われますね。一方、経済学の分野では、「ある事象に関する不確実性」と定義されています。ほとんどの日本人は、「不確実」なことをなるべく避けようとする傾向があります。日本人の金融資産のうち大半を現金・預金が占めているのも、リスクを嫌う国民性だからなのでしょう。

しかし、これから老後に訪れる現実を知ったら、「リスクは取りたくない」なんて言っていられなくなります。

図3-1 定年後の平均的な支出

●支出総額 **277,283円**

〈内訳〉

・食費	75,244円	・交通通信	36,399円
・住居	16,330円	・教育	1,469円
・水道光熱	21,901円	・教養娯楽	27,508円
・家具、家事用品	10,802円	・その他（主な内訳ー理美容、おこづかい、交際費、嗜好品、諸雑費など）	62,940円
・被服費等	9,754円		
・保健医療	14,936円		

（税金 社会保険料は含んでいない）

出典：総務省「家計調査」（平成28年）

厚生労働省によれば、平成29年度の「67歳以下の年金受給者」の平均的な年金受給額は、夫婦2人分で22万1277円となっています。定年後に仕事をしていなくても夫婦で約22万円の収入があるということです。

これに対して支出はどのくらいあるでしょうか。総務省の家計調査によると60〜69歳の二人以上世帯の一カ月の平均支出は図3－1の通り、28万円弱となります。

収入と支出の差額である5万円以上が毎月赤字になる計算です。赤字の分は貯蓄を切り崩して穴埋めしなければなりません。

では、一般的な家庭では老後の備えはい

くらぐらいあるのでしょうか。

フィデリティ退職・投資教育研究所が勤労者3・2万人を対象に行ったアンケート調査「勤労者3万人の退職準備状況（2014年）」によると、「退職後に必要となる公的年金以外の資金総額」は2952万円。つまり、多くの人が退職後に3000万円近くが必要になると想定しています。

しかし、**実際の退職後準備額の平均は526万円で、想定額の約6分の1程度しかありません。**普通に働いて退職後に備えるだけでは、老後の必要資金が足りなくなることを示しています。

支出が収入を上回る赤字状態が続くのに、それを補うだけの十分な蓄えもない。それが、日本人の多くがこれから迎える老後の状況です。

退職金に頼った老後プランは危険

「退職金があるからなんとかなる」と考えている人もいます。

でもそんな人に限って、自分の会社の規程では退職金がいくらもらえるのか、正確に計算していなかったりもします。

そもそも退職金は法律上の支給義務があるわけではなく、実際に4分の1の企業は退職金制度がありません。退職時に「退職金があると思っていたのになかった」と気づいて青ざめる人もいます。また、いま退職金制度があったとしても、会社が倒産すれば、きちんと支払われなくなる可能性もあります。

また退職金が減っているというデータもあります。総務省の「就労条件総合調査」によれば、2003年から2013年の10年間で、大学卒の平均退職金は2612万円から2156万円へと大幅に減っているのです。

老後の資金としては年金についても同様です。年金の受給額はこの10年で1割ほど減少しています。高齢化社会が急速に進み、それでも年金制度を維持していかなければならない状況にありますから、受給額はこれからも減っていくと考えるのが妥当でしょう。

要するに、老後の資金を退職金や年金に頼ってしまうのは危険なのです。

多くの人は「自分がいくらの退職金がもらえるのか」「何歳からいくらの年金がもら

えるか」も把握せず、退職金と年金で「なんとかなる」と思い込んでいます。ところが実際に老後になると、当てにしていた退職金が少なかったり、年金が思っていたよりももらえなかったり、といった事態に見舞われます。

家計は赤字になるし、赤字を穴埋めするための貯蓄もないということになれば、「老後破綻」は避けられません。

この大きなリスクに気づいている人は意外と少ないのではないでしょうか。

何もしないことの方が大きなリスク

私が知っている外資系エリートの多くは、将来のリスクときちんと向き合い、リスクに備えるために熱心に資産運用を行っていました。

たとえば不動産投資をしている人は、融資を利用して多数の物件を購入し、自分が働かなくても毎月ボーナス以上の収入が得られる状態を作っていました。しかも借金が毎月減っていくので、見えない貯金をしていくようなものです。

さらに投資用不動産を購入する際はたいてい、「団体信用生命保険（団信）」に加入します。万が一、本人が亡くなっても、ローンの残債は団信で返済されるというものです。家族にはローンを返済し終わった不動産が残されるので、収入が減って生活に困ってしまうということもないでしょう。

一方、そんな話を日系企業のサラリーマンにすると、「多額の借金をしてまで投資するなんてリスクが高い」「日本は今後人口が減っていくのに危険だ」などと心配されてしまいます。私は、将来のリスクを恐れるあまりに何もしないことの方が、よほどリスクがあることだと考えています。みなさんはどう考えますか？

自分でコントロールできるリスクとできないリスク

リスクとリターンは表裏一体の関係

投資にはリスクがつきものです。リスクがなければリターンもありません。

たとえば銀行の定期預金にはほとんどリスクがありません。銀行が倒産したとしても1行につき1000万円までの預金は保護されるルールになっているからです。その代わりに得られるリターンは微々たるものです。

株式投資では、買った株の値動き次第で大きなリターンが狙えます。数日のうちに株価が倍になることもあります。その反面、株価が大幅に下落したり、ゼロになったりするリスクもあります。

このようにリターンとリスクは常に表裏一体の関係にあります。リスクが高い商品はリターンも高く、リスクが低い商品はリターンも低いのが原則です。

分散投資でリスクを抑える

リスクには自分でコントロールできるリスクとできないリスクがあります。

たとえば株式投資の場合は、銘柄を分散することによって、会社の倒産や暴落のリスクを低減することができます。分散する数が多ければ多いほど、全体として値動きがマイルドになります。

しかし、リーマンショックのように相場全体が下がる出来事が起きてしまった場合は、いくら分散していても大きな損失は免れません。ほとんどの素人投資家はその1回の思わぬ損失で多大なダメージを被り、マーケットから退場を余儀なくされます。

本当にリスクをコントロールするなら、そのようなショック相場が起こることも想定して空売りを織り交ぜるなど、より高度な分散をする必要があります。

証券会社によっては、株価が設定した金額以下になった場合に、自動的に売却できるストップロス注文を設定できる場合もあります。ストップロスを設定しておくと、損失を最低限に抑えることができます。

また株式投資だけでなく、債券や金などの実物資産などを織り交ぜることでより分散を図れます。さらに投資対象とする国も、国内外を交ぜれば国際分散投資になります。

ただしそういった分散投資を素人が行うにはハードルが高く、分散するために多くの軍資金も必要になります。そして分散するとリスクは小さくなりますが、結局リターンも小さくなるというジレンマがあります。

✓「リスク」管理ができないと大きな損失を抱えることも

ハイリスク・ハイリターンの投資として人気があるのがFX（外国為替証拠金取引）です。日系企業時代の私の先輩は、このFX投資で大きな痛手を被りました。

なんと、その先輩は総額４００万円も損をしてしまったのです。FXとはその名の通り外国為替の取引で利益を得るのもですが、自分の予想が外れて、急激な円高（もしくは円安）になったりすると、大きな損を被ります。

先輩はオーストラリアドルと日本円との取引をしていたのですが、1豪ドル＝１００円だったものが、半年で60円を割り込むほどになってしまい、その為替差損を取り戻そうと追加で投資をしてしまい、結局大きな損を出すことになってしまいました。

この場合は値動きが自分の想定と反対方向に行ったら「損切り」をする（損を確定させて取引をやめる）といったルールを決めておけば、大きな損にはならなかったはずでした。

もう1人、リスク管理ができずに失敗した人の例を挙げましょう。

日系企業のある同僚は、相続で数千万円単位のお金を得ました。今まで手にしたことのない大金だったので、自分が運用するのは怖いということで、大手証券会社が運営している「ラップ口座」にお金を預けました。

これが大失敗でした。ラップ口座とは資産の運用管理を証券会社や信託銀行に任せるサービスのこと。「ラップ」は「包む」という意味の英語から来ており、運用と手数料が一まとめにされていることを意味しています。

通常、株や投資信託は購入した時、あるいは売却した時に、その売買代金に対して手数料がかかってきます。一方、ラップ口座は、資産残高に対する手数料の割合があらかじめ決められているのが特徴です。たとえば「資産残高の3％」といったかたちで手数料体系が決まっています。

問題は、儲かっていても損していてもこの3％の手数料は支払わなければならないということ。このマイナス金利時代に安定して年間3％の利益を上げるのはプロであっても至難の業です。

年間の利益が3％以下だったなら、その年の運用成績は手数料分で赤字になります。赤字でも証券会社はしっかりと手数料を取っているので損はしません。損をするのは個人だけです。
３％もの手数料を取るラップ口座は、マネーリテラシーのない日本人からお金を巻き上げるための商品です。

実際にその同僚がラップ口座に預けた１０００万円は、直後にリーマンショックが起こったこともあり、５００万円にまで減ってしまいました。同僚はそこで耐えられなくなって全額解約してしまいました。

しかもこの間、証券会社に運用を丸投げしていたので、運用知識が付いたわけでもなく、ただお金を失っただけ。それならまだ自分で株やＦＸで運用して損した方が、知識と経験が身に付いただけマシだったと思います。

お金をふやす時に一番やってはいけないことは、わからないからといって誰かに丸投げすることです。こうなると自分では何も考えなくなり、何も身に付きません。思考停止した人がお金儲けをすることはできません。

また、一番大事な自分のお金を他人にリスク管理させるのはとても危険な行為です。リスクは自分でコントロールすべきです。

人任せにすれば騙されるリスクが高まる

「確実に儲かる手法」はない！

「リスクがない」をうたい文句にした詐欺は世の中にたまに出てきます。過去には「ブックメーカーアービトラージに投資する商品」の巨額詐欺が話題となりました。

ブックメーカーとは、イギリスなどで盛んな公営ギャンブルのこと。競馬、サッカー、野球、選挙結果などを賭けの対象としています。

アービトラージとは「さや抜き」のこと。同じ価値を持つ二つのものに価格差が生じていた場合、安い方を買って高い方を売ることで、利ざやを稼ぐ手法です。

ブックメーカーを運営しているウェブサイトはいくつもあり、同じ賭けの対象を取り扱っていることもあります。それぞれのサイトでオッズが異なることがあり、その差を利用するのが「ブックメーカーアービトラージ」です。

たとえばAチーム対Bチームのサッカーの試合があり、ブックメーカーX社とブックメーカーY社のオッズが異なっているとします。この時に、X社ではAチームが勝つ方に賭け、Y社ではBチームが勝つ方に賭けます。賭け金額はそれぞれのオッズに応じて調整します。

すると、どちらのチームが勝っても損することはなく、「さや」の分だけ利益が獲得できてしまいます。「リスクなしで稼げる」手法として注目され、一時期は高額な情報商材が人気になるほどでした。

ちなみに私も試してみたことがあります。その結果は、「確かに理論上はリスクなしで稼げるけれど、実際にやろうとすると難易度が高い」でした。

ブックメーカー同士の「さや」を見つけるのが難しかったり、「さや」が一瞬で縮まってしまうのでスピード勝負だったりと、問題がいくつもあり、結局やめてしまいました。

さて、そこで登場してきたのが「100%稼げるブックメーカーアービトラージに出資する」という名目で、多くの人からお金を集めたファンドがあったのです。

このファンドもやはり「月に3～10%の配当を出す」という触れ込みで出資者を募っていました。さらに悪いことには、他の出資者を紹介するとキックバックを受け取れるマルチ商法にもなっていたのです。

その後どうなったかはご想像の通り。運用開始から数年後には破綻し、数百億円の出資金が消えてなくなってしまいました。裁判にもなり話題になっていたのでご存じの方もいるかもしれません。

パターンはだいたい一緒。リテラシーのない人が騙される

「医療保険請求債権に投資しませんか？」
「将来有望なバイオマス発電事業を始めましょう」
「新時代の仮想通貨を購入して利回り10%」

などなど……。この手の詐欺は、古今東西、例を挙げれば切りがありません。

でもパターンはだいたい一緒。「元本保証」や「高利回り」をうたって、大々的に宣伝するというものです。商品を紹介するウェブサイトでは、すでに大もうけした人の事

例を載せたり、有名人を使ったりして、信頼性を高めようとしています。「他の出資者を紹介したら1%バック」という手法もよく使われます。本当に有利な商品なら、そんなに懸命に宣伝しなくても勝手にお金が集まるものです。

この手の詐欺に騙される人はいつの時代も必ずいて、騙された人の名簿は高く売れるそうです。つまり一回騙された人は何度も騙されるということです。

外資系企業の同僚で、この手の詐欺に騙されたという話は聞いたことがありません。そもそも外国人は、日本人よりも疑い深い気質を持っています。

「日本人は詐欺に騙されやすい」と言われることがありますが、これは本当だと思います。日本人の気質としてそもそも「性善説」だからなのか、教育機関でマネーリテラシー教育が行われていないからなのか、紹介での儲け話に弱いなど原因はいろいろありますが、いずれにしても自分の身は自分で守らなければなりません。

- 自分だけにおいしい話はやってこない
- 元本保証で高利回りの商品はない
- 人を紹介したらキャッシュバックがある投資商品は詐欺の可能性が高い

・「一口〇万円」の商品はまず疑ってかかる
・よくわからない商品や日本人が運営しているのに拠点が海外の商品には投資しない

といったことを頭に入れておけば、詐欺に騙されて自分の大切なお金をなくしてしまうことはなくなります。

利回り10%を利回り100%にする方法

投資効率を高めるための単純な方法

投資をする際の基本的な指標の一つに「利回り」があります。金融商品の価格に対する年間収益の割合のことで、

年間収益÷価格（投資額）×100＝利回り（％）

という計算式で求められます。たとえば最初に100万円を投資して、1年間で12万円の配当金がもらえる金融商品があったら、12万円÷100万円×100＝12％で、その商品の利回りは12％となります。

利回りという指標を使うことで、規模が異なる金融商品であっても、比較ができるのでどちらが効率的かを判断できるようになります。

この利回りを簡単に10倍、20倍にする方法があるのをご存じでしょうか？

それは「借金をすること」です。不動産の世界では、当たり前に行われています。

ここに販売価格1億円、年間家賃収入1千万円のマンションがあるとします。

これを1億円の現金一括払いで買えば、

1千万円÷1億円×100＝10％

で、10％の利回りになります。

一方、この物件を、現金1千万円の自己資金に加えて、銀行から9千万円を借り入れて購入したとします。そうすることで、

1千万円÷1千万円×100＝100％

となり、元手1000万円で1000万円の収入を得るという「利回り100％」の投資ができるのです。

この場合の利回りは、正確には投資した金額に対する収益の割合で、専門的には「ROI」（投資収益率）と呼ばれます。


1億円の物件をすべて現金で買った時、最初に投下した資金を回収するまでには、運営経費は無視したとしても10年かかります。

これに対して9千万円の借入で1億円の物件を買った場合、最初に投下した1千万円を回収するまでの期間はそんなにかかりません。銀行にローンの返済を毎月行わな

ければなりませんが、それを踏まえても4、5年で最初に投下した資金を回収できてしまうでしょう。

このように、融資を受けることでレバレッジを大きく利かせた取引ができるのは、不動産くらいです。株やFXも信用取引などでレバレッジを利かせることはできますが金融機関が融資をすることはありません。また不動産は、株やFXのように価格が大きく変動することはなく、市場のゆがみを利用して物件を安く購入することもできるので、資金が少ない人でも大きな利益をあげることが可能です。

利回りよりもROIを重視する

投資用の不動産を買う時、多くの人は「利回り」ばかりを気にします。しかし、同じ利回りの物件でも、銀行から借入できるかできないかで、ROIは大きく異なってきます。

全額自己資金でなければ買えない物件（銀行がお金を貸してくれない物件）と、1割の自己資金で買える物件では、ROIが10倍違ってくるということ。

不動産に限らず、マネーリテラシーのある人はこのROIを気にします。利回りが低いように見えても、多額の借入ができて高いROIが実現できるなら、投資する価値があると判断します。

昨今は日銀の金融緩和政策の影響で、金融機関は積極的にお金を貸したがっています。金融機関内部の評価次第では、フルローン（物件価格の100％まで融資を受けること）やオーバーローン（物件価格以上の融資を受けること）も可能になっています。

フルローン、オーバーローンは危険？

「フルローンやオーバーローンは危険」と言う人もいますが、私はいちがいにそうとは思いません。

たとえば5千万円の価値がある物件に対して、価格交渉をして4千万円で買って、諸費用も含めて4千5百万円のオーバーローンを利用した場合はどうでしょうか。仮に運営が難しくなったとしても、本来の価値で物件を売ってしまえばローンは完済できる可能性は高いので、金銭的な負担は発生しません。金融機関の物件評価額よりも割安な価格で買えれば、ローンが返せなくなる危険性はかなり低くなります。

本当に危ないのは、物件の価値よりも割高な価格で買ってしまうことです。サラリーマン大家さん向けに、物件の評価額が足りなくても個人の与信枠を使って、高い金利のオーバーローンで融資している銀行もあります。そのような銀行で融資を受けて、割高な物件を買ってしまったら大変です。

途中で運営が難しくなって物件を売ろうと思っても、もともと割高な物件を買っているために、ローン残高を下回る額でしか売れません。売ってもローンが残るし、売らなくても赤字……そんな泥沼にはまってしまいます。

レバレッジを上げてROIを高めることは大切ですが、数字上の計算だけでなく、価値ある商品を割安な価格で購入することが大変重要になってきます。

大事なことはリスクに怯えるのではなく、備えること

ほとんどのリスクには対処法がある

投資において「リスク」は極力排除して、安全な運営を心がけることは大切です。

たとえば不動産なら、次のようなリスクがあります。

- 空室リスク
- 金利上昇リスク
- 家賃滞納リスク
- 災害リスク
- 人災リスク

などなど、たくさんのリスクがあります。こういったリスクがあるからといって「怖いから投資したくない」と怯えていては、リターンも得られません。

大事なことはリスクがあることをきちんと理解したうえで、適切な対処をすることです。

たとえば空室リスクに対しては、空室になりにくい立地を選んだり、そのエリアで人気の高い間取り・設備にするなど、物件を厳選したり、適切な空室対策をすることで回避できます。

融資を受けて物件を買っている場合、金利上昇のリスクがありますが、固定金利で借りたり、総投資額に対する借入の比率を下げたり、銀行と金利交渉したり、いざとなったら繰上返済や売却をするなど、さまざまな対処方法があります。

家賃滞納リスクは保証会社に加入することで、災害のリスクは保険に加入することでカバーできます。

人災リスクは孤独死や自殺によって物件の価値が下がってしまうリスクですが、こちらも保険である程度カバーできます。それに家賃を半額に下げて貸し出せば、事故物件であっても借りてくれる人は現れるものです。そして一回入居者が付いたら、次の入居者には事故物件であることは説明しなくてもいい、という裁判の判例もあるので、大きな損害にはなりません。

リスクはチャンスと考える

このように投資にはリスクがたくさんありますが、リスクを一つ一つつぶしていけば、それほど恐れることはありません。

この章の冒頭に、「日本人は、不確実なことをなるべく避けようとする傾向がある」と書きました。

しかし、もう一度考えてみましょう。**リスクとは危険性ではなく「ある事象に関する不確実性」です。**

不確実なことであっても、しっかりと知識を身に付けて、ある程度経験を積めば、不確実ではなくなります。リスクがリスクではなくなるのです。

転職についても同じです。

私は「もっとたくさんの給料が欲しい」「やりがいのある仕事がしたい」と転職を決意しましたが、一方で「すぐクビになるかもしれない」「思い通りの仕事ができないかもしれない」「英語ができないから職場に馴染めないのでは」などなど、たくさんのリスクが頭をよぎりました。

それでも思い切って挑戦したことで本当によかったと思います。

実際に転職してみたら、日系企業よりも給料がよく、労働時間は短い、英語と金融リテラシーを身に付けることができ、いいことばかりでした。

リスクを恐れてばかりいたら、今のようなセミリタイアも実現できなかったはずです。**投資でも仕事でも、リスクをこわがるのではなく、チャンスと考えることで初めて道が開ける**のです。

リスクがあるからこそ、一部の人だけが儲かり続ける

もっと報道してもいい、不動産投資のリスク

不動産投資をしていると言うとよく言われます。

「空室率が高まっているのに大丈夫？」

「人口減少しているんだから、これから厳しいんじゃない？」

などのネガティブな意見です。

確かに彼らの言うことはその通りです。空き家の増加や賃貸物件の空室率上昇などは社会問題になっており、リスクは高まっているといえます。

また、不動産投資ブームによって市場に参入する投資家が急増していることもあり、「サラリーマン大家さんが自己破産」「サブリース問題で訴訟」など、失敗した人の例もよく報道されています。

実際のところ、そんなに不動産投資は危ないのでしょうか。

20年後、30年後などの長い目で見れば、日本の人口は確実に減っていきますし、賃貸経営はますます厳しくなっていくことは確実です。

しかし、これから10年後くらいまでを考えれば、まだまだ有望な投資先だと考えています。いくら空室率が高まっているからといっても、物件を購入するエリアをよく選び、購入した後は入居者に選んでもらえるような工夫をすることで、入居率95%以上はキープできます。これは特に専門的な知識・経験がなくてもすこし勉強すれば難しいことではありません。

ですから、不動産投資に対するネガティブな意見やニュースを見つけると、心の中では嬉しくなります。

もっともっとネガティブな報道をされて不動産投資に参入する人が少なくなってくれたら、ライバルが減ってもっと割安に物件が買えるのになと期待しています。

空室、ボロボロ……欠点だらけの物件がいい

私はリスクがあるからこそ儲かる、とも考えています。

不動産投資の場合、初心者が好むのが「オーナーチェンジ」の物件です。すでに入居者が付いている状態で売りに出されている物件のことで、なかでも満室状態で売られているオーナーチェンジ物件は人気があります。満室であれば、買った後に入居者を探す手間とコストが省けますし、買ってすぐに家賃が入ってくるからです。

私は、満室物件は絶対に買いません。あえて空室の多い物件を選んで買っています。全部空室の「全空」物件ならなおよい、と考えています。それはなぜか。

満室の物件に比べて、空室の多い物件は人気がありません。空いている部屋がリフォームされていなかったり、長期間放置されていて見た目がボロボロだったりすれば、なおのこと一般の投資家は敬遠します。リフォームにどれくらいの費用がかかるか推測するのが難しいですし、何よりも見た目がよくないからです。

そんな不人気物件だからこそ、買うのです。なぜなら不人気物件は、大幅な値下げ

が受け入れられやすくなり、割安な価格で買うことができるからです。

また、空室物件は買った後に工夫する余地もたくさんあります。お金と手間はかかりますが、室内をリフォームしたり、新しい設備を入れることで、販売している不動産会社の想定よりも家賃をアップすることができます。空室物件にはメリットがたくさんあります。

実際に私が買った築古の全空アパートで、前のオーナーが家賃3万円で貸していた部屋を、少しリフォームしただけで5万円で貸せたことがあります。頭を使えばいくらでもこんなことができてしまいます。

満室物件を買っても、このような工夫の余地はありません。すでに住んでいる入居者に対して家賃を上げたいと考えても、それはほぼ不可能。満室物件を買ってしまうと、現状維持しか望めないということです。

空室があれば、現状維持も、収益性を高めることも可能です。

ほかの多くの人が「リスク」と思っていることだからこそ、「チャンス」が隠されています。そういう視点が持てる人こそが、稼ぎ続けることができるのです。

Column

すぐに動ける人がお金持ちになれる！

私は、資産運用のコンサルティングをしていることもあり、今までにかなりの数の投資家の卵を見てきました。その中には1年で何棟ものアパート・マンションを購入し、あっという間にセミリタイアに成功した人もいれば、全く成果が出ずにいつの間にかいなくなってしまう人もたくさん見てきました。この両者の違いは何だったのでしょうか？

不動産投資を始めるにはそれなりの資金が必要であったり、融資を受ける場合はその人の属性（年収、勤務先、勤続年数など）が良ければ有利になるため、もちろん高属性の人は成功できる可能性は高くなります。一方で高属性の人ほど普段から接待などを受けることも多く、お客様体質の傾向があります。このような人は自分が優良なお客さんなのだから、待っていれば良い物件を持って来てくれるだろうと自分から行動を起こすことはありません。結局は、不動産業者の口車に乗せられてしまい、たいして良くもない物件を購入してしまいます。

私が今までたくさんの人を見てきた経験上、意外にそこまで属性も高くない普通のサラリーマンの方が成功しています。彼らの共通点は、とにかくフットワークが軽く行動力があることです。また、腰も非常に低く、コミュニケーション能力にも優れています。不動産投資に重要な情報収集にはどん欲で、勉強会や投資家が集まる飲み会などが開催されれば必ず参加して最新の情報を手に入れていました。

彼らは物件を取得してからのフットワークも軽く、その物件が自分の住んでいるところから遠いところにあったとしても、すべての空室が埋まるまで毎週末物件に通い、物件のバリューアップや周辺の客付け業者への営業に明け暮れます。管理会社も人なので顔を全く出さない大家さんより、当然頑張る大家さんを応援したくなり、その人の物件には優先してお客さんを紹介してくれます。こうなってくると、好循環で空室が出てもすぐに埋まるようになり、結果的にどんどんお金が貯まって行くようになるのです。あなたも、思ったら即行動を心がけてください。それがお金持ちへの第一歩です。

私が主催する勝ち組大家塾では「勝ち組大家への道」という無料のメール講座を用意しています。お金持ちになりたい人は是非登録してみてください。こちらから登録できますkachigumi-ooya.com（「勝ち組大家塾」で検索）。ここまで行動力の話をしても、実際に登録する人は10人に1人です。まずは、その1人になる行動を起こしてみてくださいね。

習慣 4

誰でもできる！国の政策に注目する

普通の金融機関が貸さないラブホテルに、「国が融資する」意味

政策が実施されれば世の中が動く

新聞やネットのニュースを見ると、

「政府は〇〇年度予算案を閣議決定」

「国会で〇〇法が成立」

などの政治関連ニュースが毎日のように記事になっています。お堅い内容っぽくて見逃している人も多いかもしれませんが、お金を稼ぎたいと思っている人にとって、これらのニュースはネタの宝庫です。


国や自治体の政策というのは、決定すれば、そこに少なからぬ予算が割かれて、社会を動かす力が働くことになります。その流れに乗ることで、自分の投資やビジネスを有利に進めることができるのです。

たとえば金融政策としてマイナス金利が導入されれば、

- 銀行の収益悪化↓（銀行株が下落するかも。今のうちに売っておこう……）
- 住宅ローン金利が低下↓（マイホームを買いたい人が増えて、不動産価格が上昇するか……）
- 円の価値が下がり円安になる↓（訪日観光客が増加するのか。インバウンドビジネスでも始めようかな……）

などと、多方面に影響が出てきますし、それに伴っていろいろな想定ができます。

マイナス金利や消費税増税ほど大きく取り上げられない政策であっても、自分に影響を及ぼすかもしれない政策は意外とあります。

ラブホテルに国が積極的に融資する？

もっと具体的な例を挙げてみましょう。

2016年6月、テレビ東京のニュース番組「ワールドビジネスサテライト（WBS）」で、こんな話題が取り上げられました。

「ラブホテルに公的融資!?　菅官房長官の秘策」

国がラブホテルを建設したり運営するというのではありません。ラブホテルを普通のホテルに改装する費用を融資するよう、国の金融機関である日本政策金融公庫に対して菅官房長官が指示をしたということです。

ではなぜ政府はこんな指示を出したのでしょうか?

背景には、外国人観光客の増加による深刻なホテル不足があります。政府は2020年のオリンピックまでに訪日外国人客を、現状の年間2千万人からを4千万人に増やす目標を掲げています。しかし、そのためには宿泊施設が足りません。

そこに、全国に1万2千店あるとされるラブホテル事業者が目を付けたのです。

ビジネスホテルやシティホテルの稼働率が7~8割であるのに対して、ラブホテルの稼働率は平均約4割と余裕があります。しかしラブホテルは風営法の関係で家族連れが泊まれません。一般のホテルへ改装しようにも、ラブホテル事業者が民間の金融機関からお金を借りるのは難しい。そこで訪日観光客の増加を旗印に掲げる政府に対して、ラブホテル事業者の組合が働きかけました。

これを受けて2016年4月、菅官房長官の指示で厚生労働省が、日本政策金融公庫に対して「ラブホテルの改装費への融資に特に配慮するよう」との通達を出したのです。ラブホテルのままではダメですが、観光客向けのホテルに改装する費用であれば、政府系金融機関の融資を受けられる可能性が高まったのです。

日本のラブホテルは、外国人観光客に人気があるという事実があります。部屋もお風呂も広くて内装に凝っていて、カラオケもある。あやしい雰囲気を取り除けば、家族連れには喜ばれます。

ラブホテルを改装するといっても、普通のホテルにしてしまうのではなく、もともとあるラブホテルの特徴を活かしながら改装すれば、費用を抑えられて、かつ競争力のあるホテルができるかもしれません。

2000万円を借りてホテル業を始める

このニュースを知って「自分にどう関係があるの?」と考えた方は、まだまだですね。反対にピンと来た方は、ビジネスの嗅覚に優れた方かもしれません。

日本政策金融公庫がラブホテルの改装に融資を出すということは、今まで「公序良俗に反する」として不可能だった、融資を受けてのラブホテルの購入ができるようになるかもしれないということです。

ホテルの売り物というのは意外とあります。たとえば不動産投資の情報サイトで、物件種別をホテルで検索すると、検索結果にはホテルの売却物件が複数出てきます。

先日も検索していて、こんな物件を見つけました。

千葉県八街市　ラブホテル　１９８０万円　利回り70％
築36年、全14室のモーテルタイプ

14室もあるラブホテルが約２０００万円で売られているのです。価格の安さもさることながら、利回りの高さにも驚きです。

注意書きには「４号風俗営業ホテルのため、通常銀行融資は受けられません」とあります。つまり融資が受けられないため、そのくらいの資金を持っている人でないと購入できません。だから買える人が少なくなります。すると需給の関係から値段を安くしないと買い手があらわれませんから、通常の投資用不動産より利回りが高くなるのです。

しかし、先ほどのニュースと組み合わせて考えれば……。

「日本政策金融公庫から融資を受けて、購入・改装すればホテル業が始められる！」

「ホテル予約サイトだけじゃなくＡｉｒｂｎｂでも集客すれば、もっと儲かるかもしれない」

「一般ホテルに改修後に売却すれば、相当な売却益を得られるかも」

などなど、いろいろなプランが考えられます。

ＷＢＳのニュースと、このラブホテルの物件情報を見て、「自分には関係ない」「ラブホテルなんて買えない」と思うか、ビジネスとして成立させる方法を思いつくか。そこが、お金を稼げる人とそうでない人の分かれ道になります。

あらゆるニュースを投資やビジネスと結びつけて考えるよう、日頃から習慣づけておくことが大切です。

図4-1 ニュースから儲けのタネを見つける

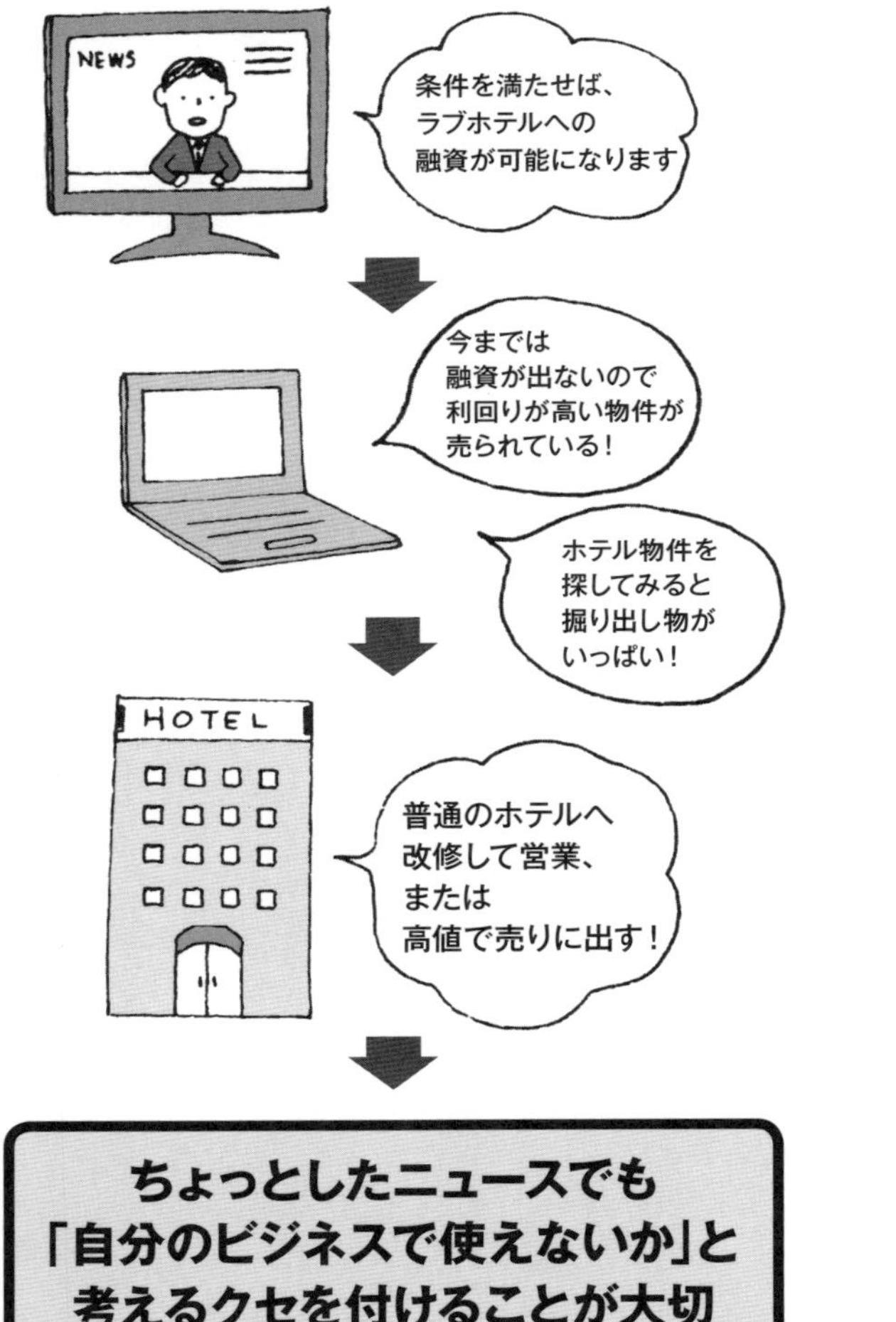

国民全体で太陽光発電業者のコストを負担していた

投資手段としてメリットの多い太陽光発電

国の後押しを受けられるビジネスといえば、太陽光発電があります。

太陽光発電は省エネや環境問題が叫ばれるようになった１９７０年代から各社による開発が始まりました。そして国の補助制度が始まった１９９０年代には、太陽光発電を屋根に設置する家庭が増えました。

２００９年には「余剰電力買取制度」が始まり、家庭で発電して使い切れなかった電力を電力会社に売れるようになりました。さらに２０１２年、「再生可能エネルギーの固定価格買取制度」がスタート。この制度は太陽光発電などの出力10キロワット以上の「産業用」の再生可能エネルギーが生み出した電力すべてを、電力会社が20年間にわたり一定価格で買い取ることを国が約束する制度です。

とにかく手間がかからない！　空室リスクゼロのビジネス

この制度がスタートして以来、大きな土地にたくさんの太陽光パネルを設置した「野立てソーラー」と呼ばれる太陽光発電設備があちこちにできるようになりました。なにしろ、設備を設置し、発電した電力を国が確実に買い取ってくれるわけです。ほぼリスクなしで利回り10％以上稼げる投資手段として、多くの企業や投資家が参入することになったのです。

個人でもフルローンで購入できる

実際に私も3カ所に太陽光発電を持っていますが、運営してみた感想はとにかく手間がかからないということです。今まで一度もトラブルになったことはありません。発電量は天候によって左右されますが、年間を通してみるとほぼ当初のシミュレーションに近い数字で落ち着きます。

図4-2 太陽光発電のメリット、デメリット

太陽光発電のメリット

- 国が20年間（10kw以上の場合）の固定買取価格を保証してくれる
- 賃貸経営のように空室期間が存在しない
- リフォーム費用や広告費がかからない
- 大規模修繕の必要がない
- 入居者がいないためトラブルが発生しづらい
- 可動部分がないのでパネルの故障が少ない
- 大きな節税効果がある

太陽光発電のデメリット

- 固定買取期間終了後の買取価格が未定
- 災害や盗難で発電できなくなる可能性がある
- 担保価値が少ないので融資が受けづらい
- 中古の市場がまだ確立できてないので売りづらい
- 発電量が天候に左右される

アパートやマンション投資の場合、利回り10％を超える物件はざらにあります。地方や築古物件では利回り15～20％といったものも。しかし、実際に運営を始めてみると、その通りにはいかないことが多いです。利回りが高い物件ほど不都合が多く修繕費がかさみ、退去のたびにリフォーム費や客付けの費用もかかります。入居者がいる状態でも、設備の故障、滞納や孤独死などのトラブルが起こるからです。

私が購入した野立てソーラーは、広い敷地内に架台を設置してその上にソーラーパネルを敷き詰めるタイプ。立ち上げるためにかかった初期費用は１８６８万円でした。そのうち１８１０万円の融資を受けたので、実際に使った自己資金はわずか58万円です。

年間収入はシミュレーションで約１９０万円。

年間支出は、ローンの返済、メンテナンス費、固定資産税等で約１５８万円。差し引き32万円が手元に残る計算です。

さらに15年目以降はローンの支払いが終わるため、パネルの経年劣化により発電量が減ったとしても年間１５０万円は手元に残るはずです。

図4-3 私が実際に行っている太陽光発電の収支

●太陽光発電投資の初期費用と年間収支

初期費用

土地代	235万円
登記費用	10万円
太陽光発電設備一式・設置工事代	1,565万円
東京電力連結工事代	38万円
保険・メンテナンスパッケージ初期費用	20万円
	合計1,868万円

（うち1,810万円を融資でまかなう）

年間収入

…… 約190万円

年間支出

ローン返済（金利2%・15年返済）	140万円
メンテナンス費用	12万円
固定資産税	6万円
	合計158万円

初年度のROIは？

190万円−158万円＝32万円（年間手取り）

32万円÷58万円×100＝ROI 55.2%

（58万円：自己投資額）

初年度のＲＯＩは55％、15年目以降20年目までのＲＯＩは250％になります。

実は赤字の再エネルギー買い取り。支えているのは国民

設備を持っている人にはとてもメリットのある太陽光発電ですが、じつは電力会社の事業としては矛盾が発生しています。

私が電力会社に売っている売電価格（29・16円／《キロワット》）よりも、一般の消費者が電力会社に支払っている電気料金（19・52円／《キロワット》）の方が安いのです。つまり電力会社にとっては、高く仕入れた電気を安く売っているという赤字状態です。

この赤字を穴埋めするために国が導入した制度があります。

「再生可能エネルギー発電促進賦課金」です。

みなさんのご家庭にも毎月届く電力会社からの「電気使用量のお知らせ」。その内訳を見ると「再エネ発電賦課金」といった記載があり、数百円が計上されているはずです。平成28年5月分から平成29年4月分までの再エネ賦課金は2・25円／《キロワット》。平均的な家庭で700円を負担していることになります。

図4-4 再エネ発電賦課金

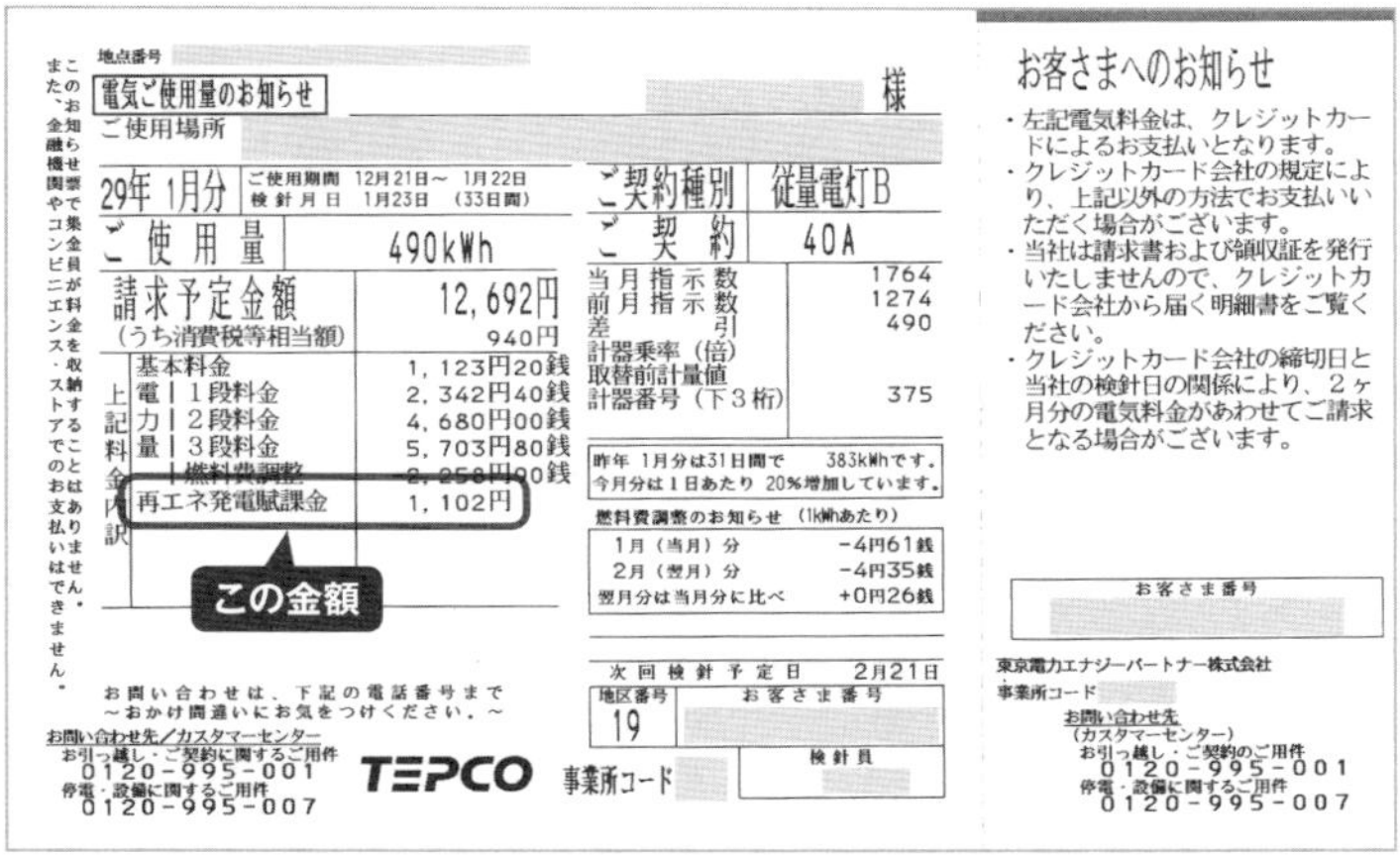

つまり、太陽光発電による電力を買い取る事業のための赤字を、国民が全体で負担してることになっているのです。

しかもこの「再エネ発電賦課金」は年々上昇しています。

太陽光発電で収入を得ている人にとっては、国民みんなから少しずつお金をもらいながら、空室リスクゼロのビジネスを20年間にわたり運営していくようなもの。参入しない方がもったいないと思いませんか？

太陽光発電、20年後はどうなるのか？

「太陽光発電ブームは終わった」。そんな

話を聞いた人もいるかもしれません。

売電価格が2012年の43・2円から、2016年の25・92円まで下がってしまったからです。でも、私はむしろ今が一番いいタイミングだと考えています。その理由を説明しましょう。

まず、売電価格が43・2円から25・92円まで下がってしまったといっても、利回りで見ると、じつはどちらも10％程度で変わっていません。

なぜかといえば、ここ数年の急速な普及により、太陽光発電設備の価格が下がり、一方で技術の進化により発電効率が高まって、より多くの発電ができるようになっているからです。

その結果、**売電価格が下がっても、かつてと同程度の利回りが確保されている**わけです。

では、2012年に買った利回り10％の太陽光発電と、2017年に買った利回り10％の太陽光発電、どちらに価値があるでしょうか？

利回りはどちらも同じですから、初期投資額が同じなら毎年得られる収益は一緒。

どちらが有利ということはありません。

問題は、買取制度の20年が経過した後です。固定買取期間が終了した後、太陽光発電設備がどうなるかはまだわかりません。ただ、20年間たった後でも設備は稼働し、発電し続けられるはずなので、固定価格ではなくその時の「時価」で電力を買い取ってもらえる可能性は高いと考えます。

再生可能エネルギーは国を挙げて進めている政策です。今後、いろいろな発電方式のなかでも太陽光発電を一定の割合にまで高めることを国は狙っています。そのためには、各地に設置された太陽光発電所の力が欠かせません。

買取期間の20年が過ぎたからといって、まだまだ稼働する太陽光発電所を捨てさせるようなことを政府はしないのではないでしょうか。

そうなった時に重要なのは、発電効率です。より新しい太陽光発電設備の方が発電効率は高く、20年たった後でもより多くの量を発電できます。古い設備を導入した太陽光発電所では、採算が取れるような発電量が期待できないかもしれません。

そう考えると、後から参入した方が有利といえるでしょう。

外資系エリートも太陽光発電には積極的

外資系のエリートは、このような情報をいち早く察知し、負担する側から享受する側になっています。

私の知り合いで外資系証券会社に勤めているトレーダーも太陽光は大好きで、いくつも投資していました。彼らがメリットに感じていることは、売電収入もさることながら、節税効果の大きさです。

太陽光発電設備を購入すると、その購入価格の一部を「減価償却費」として計上できます。それに加えてグリーン投資減税（平成27年度に終了）、生産性向上設備促進税制（平成29年3月末までで終了）といった仕組みもあり、大きな節税が可能です。

外資系証券会社に勤めているような高収入サラリーマンは、税負担の大きさに苦しんでいます。しかし太陽光発電に多額の投資したことで、ある年などは納めるはずだった所得税1000万円が戻ってきたと言っていました。

納めるはずだった所得税が戻ってきて、さらに売電収入も得られるということです。こんなおいしいビジネスをなぜ放っておくのかという感じです。

太陽光発電の売電価格は年々低下し、固定価格買取制度そのものの見直しも検討されています。ビジネスとしてのうま味を享受するためには、すぐにでも探し出した方がいいかもしれません。

信頼できる業者を選ぶ方法

太陽光発電に投資する時に大事なのはどんな業者を選ぶかです。

先日、「太陽光関連事業者」の倒産が増加していることがニュースになりました。一時期のブームのおかげで業者が乱立し、競争が激化してしまったことが原因と思われます。

もちろん業者が倒産しても、自分が購入した太陽光発電設備が他人のものになるわけではありませんが、メンテナンスや製品保証などの面で不安は残ります。

トラブルになるのを防ぐためにも販売業者の見極めが大切です。複数の業者のなかから、

- これまでの実績を調べる

・セミナーに参加して説明を受ける
・ネットで評判を調べる
・疑問点があれば直接問い合わせして、その対応を見る

などして比較検討することが大切です。また、資本金が少ないと経営が安定しないので、少なくとも資本金1億円くらいはある業者を選ぶようにしましょう。

一番いいのは、すでに投資していて数年間実績がある友人・知人から紹介してもらうことです。

家を買うなら「コンパクトシティ構想」のある街

街の価値を上げるコンパクトシティ構想

国の政策を利用することで有利になるのは、何も投資やビジネスに限ったことでは

ありません。マイホーム選びでも同様です。

みなさんは「コンパクトシティ構想」という言葉を見聞きしたことがありますか？

コンパクトシティ構想とは、その言葉通り、コンパクトな都市を目指すというもの。

１９９０年代より、地方都市では中心市街地のドーナツ化現象が見られるようになってきました。ロードサイドに大型ショッピングモールやファミリーレストランが乱立し、中心市街地に行かなくても事足りるようになってきたからです。

そうなると住宅を構えるにもお店を出すにも、都市の中心部ではなく、少し郊外の立地にした方が安く済みます。だから人口が郊外の立地に分散していきます。

人口が減少する社会では、郊外に行くほど人口の分散が進むと言われています。

ドーナツ化現象はいろいろな問題を生じさせます。中心市街地がシャッター通り化してしまうこと。自動車を持っていない高齢者などの交通弱者を生むこと。市街地が希薄化してしまうことで、道路、上下水道などのインフラの整備・メンテナンスの効率が悪化することなど。

こういった課題を解決するために、中心市街地の歩いて行ける範囲に、商業施設や病院、居住区を集中させることで、効率がよく住みよい街作りを目指そうというものが「コンパクトシティ構想」です。

国土交通省も地方都市のコンパクトシティ化を進めるべく、支援政策を実施しています。取り組んでいる自治体は多く、青森市などが先行例として取り上げられます。

富山市はコンパクトシティ化で地価がアップ

私の出身地である富山市もコンパクトシティ構想にいち早く取り組んできた自治体です。

富山市もドーナツ化現象に悩む都市で、県庁所在地でありながら人口密度が最も低いことで知られています。

持家率は全国で2位。「結婚したら戸建を買う」が当たり前に思われている土地柄なので、どんどん郊外に家が建ち、それが中心部の人口密度低下につながっていました。

現在この問題を解決するため、コンパクトシティ化を目指す都市計画が進められています。具体的には、インフラを作り替えたり、中心市街に住む人に対して補助金を出したり、街中にレンタルサイクルを設置したり、といった施策が展開されています。

中心的な施策の一つが、「LRT（次世代路面電車システム）」の導入です。乗り降りに便利な路面電車を中心に公共交通機関を再構築することで、移動の利便性が高まることになりました。

こうした取り組みの結果、富山県全体の人口は減少していますが、富山市中心地の人口は増加し、それに伴って地価は上向きになっています。

新線が開業してからでも地価は上がる

コンパクトシティ構想のある地価が上昇する現象はほかの自治体でも起きています。たとえば栃木県宇都宮市でもLRTの新設が決まって以来、沿線のエリアの地価は徐々に上がっています。

マイホームや投資用の住宅を地方に買うなら、このようにコンパクトシティ構想がある自治体かそうでないか調べてみるといいでしょう。

そしてコンパクトシティ構想があるなら、そのエリア内に入っている物件を購入することが大切です。コンパクトシティ構想はいわば、自治体が勝手に「人口を増加させるエリア」と「人口を抑制するエリア」を線引きするようなもの。線引きの外にある物件を買ってしまったら、土地が値下がりしていくことは目に見えています。

「すでにLRTなどの構想が決まってから買っても遅いのでは？」と思う人もいるかもしれませんが、心配はありません。

たとえば北陸新幹線が開業した時に石川県金沢市の地価は上がりましたが、開業が決まった時よりも、実際に開業してからの方が上がり方は鮮明でした。

つまり、新線・新駅の計画が決まった段階なら、まだ実際に開業する前であっても購入するチャンスということです。地方で不動産購入を狙っている人は、こういったニュースにも目を向けるようにするといいでしょう。

各地方自治体の取り組みについては2016年に「都市再生特別措置法」が改正され立地適正化計画が創設されたことから「立地適正化計画作成の取組状況」として国土交通省がホームページで随時更新しているので、購入しようとしている不動産の所在地に計画が存在しないか確認してみて下さい。

この計画で定義されている「居住誘導区域」外の不動産を購入すると、今後、公共のインフラ施設が整備されず不動産価格が暴落する可能性があります。

国土交通省の都市計画のページ
http://www.mlit.go.jp/toshi/city_plan/

Column

儲けのタネは国会で審議する「法案」から

外資系証券会社時代の同僚とは今でも情報交換のために飲みに行くことがありますが、証券会社のアナリストやトレーダーという人種は、自分たちの「メシの種」になるニュースをよくチェックしているなと感心します。

株は連想ゲームですから、「政府がインバウンド4000万人を目指す」「ビットコイン購入には消費税が不要になった」といったニュースがどの銘柄にどう影響を与えるか、瞬時に見極めることで収益につなげる必要があるわけです。特に国の政策や法律の施行には彼らも注目しているようです。

法律が成立するまでには左のようにいろいろな段階がありますが、私が注目しているのは「閣議決定」のニュースです。閣議決定とは簡単にいえば、「すべての大臣に合意が取れた段階」。この時点でまだ法律は成立していませんが、実際にはほぼ成立することになると考えておいた方がいいでしょう。

２０１６年６月、「民泊の営業日数の上限を年間１８０日以下とすることを条件に解禁する方針を閣議決定した」というニュースがありました。営業日数が年の半分にまで制限されると、民泊事業者は収益が減ってしまいます。

でもそんな規制を逆手にとって、「１年のうち半分は民泊、半分は留学生向け宿泊施設にする」といった新たなサービスを即座にリリースした会社もありました。そんなフットワークの軽さは見習いたいものですね。

【法律の原案作成から法律の公布まで】（内閣提出の場合）

- 法律案の原案作成（各省庁）
- 内閣法制局における審査
- 国会提出のための閣議決定
- 国会における審議
- 法律の成立
- 法律の公布

この時点で注目する

（出典：内閣法制局）

習慣
5

これから需要が増えるビジネスを見つける

私が今注目している　これから需要が増えるビジネス

いろいろなものを共有利用する「シェアリングエコノミー」

個人が保有する資産を、インターネットを介してほかの人も利用できるようにするサービスを総称して「シェアリングエコノミー」などと言います。

代表的なものとして、すでに触れている「Ａｉｒｂｎｂ」があります。そのほかにも、

- 一般のドライバーのクルマに送迎してもらうサービス
- 個人の所有するモノを利用するサービス
- 個人の持つ専門的なスキルを空き時間に提供するサービス
- 空いている駐車スペースやオフィスを利用するサービス

など、いろいろなサービスが展開されています。

英・ＰｗＣ社によれば、世界のシェアリングエコノミーの市場規模は拡大を続けて

おり、2013年に約150億ドルだったのが、2025年には3335億ドルに成長する見込みとのことです。

家賃の3倍の収入も可能！外国人のインバウンドを収入源に

自宅の隣でAirbnb。楽しみながら高収益

たびたび取り上げているシェアリングエコノミーの代表格「Airbnb」は有望なビジネスの一つだと思っています。

日本政府はこれから訪日観光客を4000万人にまで増やそうとしています。それなのにホテルの客室数は足りません。足りない客室を埋める方法として、また増え続ける空き家対策としても、Airbnbが期待されています。

私が地方のマンションで運営しているAirbnbについてはすでに取り上げたの

で、ここでは、私の義父が運営しているAirbnbについてご紹介します。

私の妻の両親は北関東のとある都市に住んでいます。私が賃貸マンションやAirbnbを運営している話をよくしているので、興味を持っていたようです。自宅の隣の戸建がたまたま売りに出された時に、Airbnbを始めるために購入しました。中古の建物を小綺麗にリフォームして、私の妻がインテリアをコーディネート。義父が「人に貸すのが惜しい」と言うほど、なかなかお洒落な部屋になりました。

Airbnbへの掲載方法などは私が教えてあげて、実際に運営スタート。駅から10分くらいの立地で、かつ周辺に外国人ウケするような人気の観光地があるわけでもないので、正直なところ心配でした。しかしフタを開けてみたら意外と利用者が多かったのです。

主に借りてくれているのは、東南アジア系の人など、家族で旅行に訪れる外国人です。最近では日本人の利用も増えています。

ホテルの場合、大人数が借りられる部屋を探すのは難しく、そのうえ宿泊費は1人当たりでかかるので、費用が高額になってしまいます。

Ａｉｒｂｎｂの場合、一軒単位で貸しています。人数の追加には追加料金を取ることができますが、安く設定しておけば、大人数グループにとってお得感があります。義父の運営しているＡｉｒｂｎｂも、大家族などのグループに好まれているようです。賃貸相場では８～10万円の家賃が取れる物件ですが、Ａｉｒｂｎｂにすることで、月20～30万円くらいの売上があるとのことです。掃除など日々の運営は自分たちでやっているので、費用はほとんどかかりません。

何よりもいいのは、夫婦で楽しんで運営していることです。

義父は英語がペラペラ話せるわけではありませんが、海外からゲストが来た時にはなるべく積極的にコミュニケーションを取って交流を図っています。そういった交流がゲストにとっていい思い出になるのか、サイトのレビューには好評価が並ぶことになり、ゲストからの評価の高いホストにだけ与えられる称号「スーパーホスト」を獲得したことも。本人たちにもそれは励みになったようです。

外国人旅行者との交流を楽しみながら、月々の収益もしっかり上げられる。現役をリタイアした人たちにとっては最適なビジネスだと思います。

トラブルを回避するために

さてAirbnbに挑戦する際に気になるのはやはりトラブルでしょう。

義父のように自宅の隣で運営するのであれば、きめ細やかな対応が行えるので心配ないかもしれません。私の場合は遠隔地で運営しているので、トラブル対策には細心の注意を払っています。

一度、マンションの駐車場にAirbnbのゲストが勝手にクルマを停めてしまい、駐車場の借り主が警察を呼んだことがありました。その後は、宿泊マニュアルやサイトの注意書きで、指定した場所以外の駐車場は使わないよう徹底してもらったことで、トラブルはなくなりました。

守ってもらいたいマニュアルに、室内では騒がないこと、近隣に迷惑を掛けないことなど、細かく記載することでトラブルが起こる確率を減らせます。

トラブルのイメージもあるAirbnbですが、大半のゲストは礼儀正しく、ネットやニュースで話題になるような問題が起きたことはほぼありません。「部屋を貸してくれてありがとう」とお土産を置いていくゲストもいるくらいです。

もう一つ気をつけなければならないことは、法律やルールを守ることです。民泊に関する規制は地方によっても異なりますし、またその都度新しい法律もできていくので、これらの情報をよくチェックしておく必要があります。

マンションの1室で運営する場合には、管理規約にも注意する必要があります。最近では管理規約に「民泊不可」と入れるところも増えてきました。**Airbnbの運営目的で購入、あるいは賃貸する時は、管理規約を事前に確かめるようにしましょう。**

業者に丸投げでは儲からない！

ブームの流れに乗って、Airbnb代行業者もたくさん現れています。代行業者ではいろいろなサービスを提供しています。Airbnbに対応可能な物件探しから、部屋のセッティング、写真撮影、ハウスマニュアル作成、リスティング（ホームページへの掲載）、問い合わせ・予約管理、鍵の受け渡し、清掃などなど……。

これらをすべて任せてしまえば、自分では何もやることがないのでとても楽。ただし、当たり前ですが、任せる部分が多ければ多いほど運営代行手数料が取られます。

「売上の20～30％＋清掃料金」というのが平均的な相場のようです。

Ａｉｒｂｎｂは場所によってはすでに過当競争に突入しています。競争の厳しい立地にオープンしてしまい、さらに代行業者に手数料を支払っていては、ほとんど収益が上がらないばかりか赤字になってしまいます。

どんな投資でもそうですが、きちんと収益を上げたいなら、すべて人任せにするのではなく、できるだけ自分でやることが大事です。

たとえば物件探しも業者に任せれば簡単ですが、業者が選んだ物件でオープンし、想定した収益が上がらなくても、業者が責任を取ってくれるわけではありません。

最近ではＡｉｒｂｎｂのエリア別掲載件数や稼働率といったデータを無料で公開している「エアラボ（airlabo.jp)」「エアビーデータバンク（airbdatabank.xyz)」といったサイトもありますから、これらを利用しつつ、自分でシミュレーションすれば失敗するリスクをある程度回避できます。

また運営する方法がわからなければ、実際に運営している先輩に聞くのがいいと思います。ブログなどで運営記録を紹介している人も多いですから、そういった人にメールを送ってみると、意外と親切に教えてくれるものです。業者の無料セミナーに参加するよりも、生の声の方がよほど役に立ちます。

日々の運営もできる限り自分でやった方がいいです。英語ができないから無理という人もいますが、怖がる必要はありません。実際のコミュニケーションはほとんどメールベースですから、グーグル翻訳を使えばなんとかなります。

Ａｉｒｂｎｂがどのようなものかわからない場合は、まずは一回利用してみてください。一度体験するだけでも、問い合わせ対応やマニュアル作成、部屋作りのノウハウなどを知ることができます。

自宅でＡｉｒｂｎｂを始めるという方法も

物件を購入したり部屋を借りたりすることなく、もっと手軽にＡｉｒｂｎｂを始める方法もあります。自宅で始めることです。これを「ホームステイ型民泊」ともいいます。

たとえば自宅が３ＬＤＫなどの間取りで、使っていない部屋があったら、その部屋だけ貸し出すのです。

またワンルームを借りて住んでいる人なら、旅行者に好まれそうな立地のよい2DKなどに引っ越して、そのうちの一部屋でＡｉｒｂｎｂを始めてみるのも面白いですね。支払う家賃が増えるのでは……と思うかもしれませんが、Ａｉｒｂｎｂの収入があるので、前より安い支払い、うまくいけばタダで、広くて便利な場所に住んでいるという知人もいます。

さらに、手軽にやろうと思えばワンルームから引っ越さずにもできます。自宅をＡｉｒｂｎｂに登録しておいて、予約が入った時だけ人に貸して、当日、自分は実家や恋人の家に泊まればいいのです。

夏休みや冬休みなどの長期休暇の際に旅行に行ったり帰省する人は、その間だけＡｉｒｂｎｂで貸し出すという手もありますね。

外国人（とは限りませんが）旅行者との交流を楽しみながら、うまくいけば家賃を超える収益を上げることができます。

空き部屋や空きスペースを会議室やパーティー会場として時間貸し

住民からのクレームでＡｉｒｂｎｂから撤退

地方都市のマンションのほかにも、Ａｉｒｂｎｂとして運営していた物件もありました。銀座の一等地に購入した区分マンションです。

築年数が古く広さも10平米ととても狭いのですが、某有名建築家が設計した建物のため、世界的に評価が高く、外国人がわざわざ写真を撮りに来るようなマンションでした。

私は、破格の値段で売りに出されたこのマンションを購入。破格の値段だっただけに内装はボロボロでひどい状態でしたが、かなり費用をかけて、外国人にウケるような和風のリノベーションを施しました。

そしてＡｉｒｂｎｂに掲載したところ問い合わせが殺到。稼働率は9割を超え、利回り《まわ》は30%を超えるほどの高収益物件となりました。

しかしこの状態は長くは続きませんでした。外国人が多く出入りするようになったことで住人からクレームが来たのです。結局、オープンから10カ月でクローズせざるを得なくなりました。

空いている場所を貸すだけでお小遣い稼ぎ

そこで代わりに始めたのが「レンタルスペース」です。

レンタルスペースとはマンションやオフィスビルの1室など、空いているスペースを時間単位で貸し出すビジネス。先ほど紹介したシェアリングエコノミーの一種といえます。

まず、貸したいスペースを持っている人が、レンタルスペース予約サイトに登録します。それを見た利用者は、時間単位でレンタルを申し込み、料金を払います。後日、レンタルスペース予約サイト業者の手数料を除いた収益が、登録した人に支払われるという仕組みです。

ちょっとしたミーティングやセミナーなどに使うスペースを安く手軽に利用したいというニーズに応えるサービスとして、レンタルスペース検索サイトは急成長しています。

登録できる物件はマンションやビルだけでなく、一戸建て、駐車場、屋上、マンションの軒先などサイトによってさまざま。用途も会議・ミーティングだけでなく、マンツーマンレッスン、ワークショップ、各種パーティー、ママ会、勉強会、面接・試験、撮影など多様で、掲載者が決めることができます。

【レンタルスペースを登録できるサイト】
- スペースマーケット(spacemarket.com)
- インスタベース(instabase.jp)
- 軒先ビジネス(business.nokisaki.com)
- スペなび(supenavi.com)
- スペイシー (spacee.jp)
- akippa (akippa.com)

これらのサイトに空いているスペースを登録するだけで、ちょっとしたお小遣い稼ぎになります。

たとえば所有するマンションの空室に悩んでいる人は、検討してみるといいですね。稼働率が上がれば、賃貸に出すよりも高い収益を得られることもあります。

クルマで毎日通勤しているので、自宅の駐車場は昼間空いているという人は、平日昼間だけ駐車場をレンタルに出してみるのはどうでしょうか。

何でもない住宅街のなかにある駐車場でも、たとえば小学校が近くにあると、運動会などのイベントの時期には駐車場のニーズが高まります。得られる収益は大きくはありませんが、元手がかからず、リスクも手間もなくお金を稼ぐことができるのですから、やらない手はありません。

アイデア次第でいろいろできる！

会社でオフィスを借りているものの、平日の朝から夕方までしか使っていないケースは多いと思います。そんな場合は、夜間や土日の時間帯を貸してみてはどうでしょうか。同じ人に定期的に貸すと「転貸」になってしまい契約上の問題が発生する可能性もありますが、その点をクリアできれば、もしかするとオフィスの家賃分くらいは稼げるかもしれません。

私が検索して興味を持ったのは古民家のレンタルです。映画の撮影やコスプレの撮影会などに使われるケースが多いのでしょう。利用料は1日8万円くらいとかなり高いのですが、予約カレンダーの状況を見る限り8割ほど埋まっていました。

場所にもよりますが古民家は200～300万円程度で買うこともできますから、安く購入して人気の物件に仕上げることができれば、かなりの収益を期待できます。

Column

注目のシェアサービス

Airbnbに代表されるシェアリングエコノミーは、シリコンバレーを起点に大きく成長してきました。アメリカ発のものが多いのですが、日本でも独自のサービスが生まれつつあります。私が面白いと思うサービスをいくつか紹介しましょう。

自動車のシェアサービス「Uber」(www.uber.com/)

スマートフォンやGPSなどを利用して、移動ニーズのある人とドライバーをマッチングするサービス。アメリカでは、タクシーやハイヤーの会社が登録するだけでなく、個人も自家用車を登録して送迎サービスを提供することができます。日本では規制があるために、タクシー会社のみの登録となっていますが、規制改革を推進する動きが政府からではじめています。

車のシェアサービス「anyca」(anyca.net)

一般のオーナーが所有するクルマをレンタルできるサービス。大手IT企業のディー・エヌ・エーが運営しています。高級車やクラシックカーなど、レンタカーにはなかなか置いていないクルマが多く登録されているようです。

バッグのシェアサービス「Laxus」(laxus.co)

月額6800円で、ブランドもののバッグが使い放題というサービス。プラダやエルメスなど50以上のブランドから1万2千種類のバッグを選ぶことができ、送料無料で無制限に交換できます。高級品のバッグを手軽に使いたいというニーズにマッチしています。

子育てシェア「アズママ」(asmama.jp)

ちょっとした送迎や託児を頼みたいけれど、費用が高いし、知らない人に頼むのは不安。そういったニーズに応えるサイト。友だち・知り合い同士でネットワークを作って頼り合うことができます。利用料は基本1時間500円ですが、お互いに決めることができます。料金を払う仕組みの方がかえって気兼ねなく頼めるかもしれませんね。

仕組みさえつくれば、完全な不労所得になるトランクルーム

今後の普及が見込まれるトランクルーム

前述のシェアリングエコノミー以外に私が既に投資しているものでトランクルーム（レンタル収納スペース、セルフストレージとも呼ぶ）投資があります。こちらも将

来有望なビジネスです。みなさんの自宅に周りでも、「トランクルーム」「レンタルコンテナ」の看板を見かけることが増えてきたのではないでしょうか。実際に利用している方も多いことでしょう。トランクルーム市場は右肩上がりで増えています。

右肩上がりで増えているとはいえ、市場への普及率はまだまだです。トランクルームのアメリカでの普及率は10世帯に1室。これに対して日本での普及率は130世帯に1室にとどまっています。

国土の広いアメリカで10％も普及しているのに、国土が狭く家が狭い日本で普及しないはずがありません。実際、シンガポールや香港といった国土の狭い国・地域では、日本よりもトランクルームの普及が進んでいます。

日本の人口は減少フェーズに入っていますが、世帯数は2020年まで増加していきます。それに伴って収納サービスの必要性も今後増していくと考えられます。

空きテナントをトランクルームに改装して大成功

私もトランクルームを利用していますが、一方でビジネスとしても展開しています。

図5-1 セルフストレージ(倉庫)数の比較

●米国市場と日本市場の比較

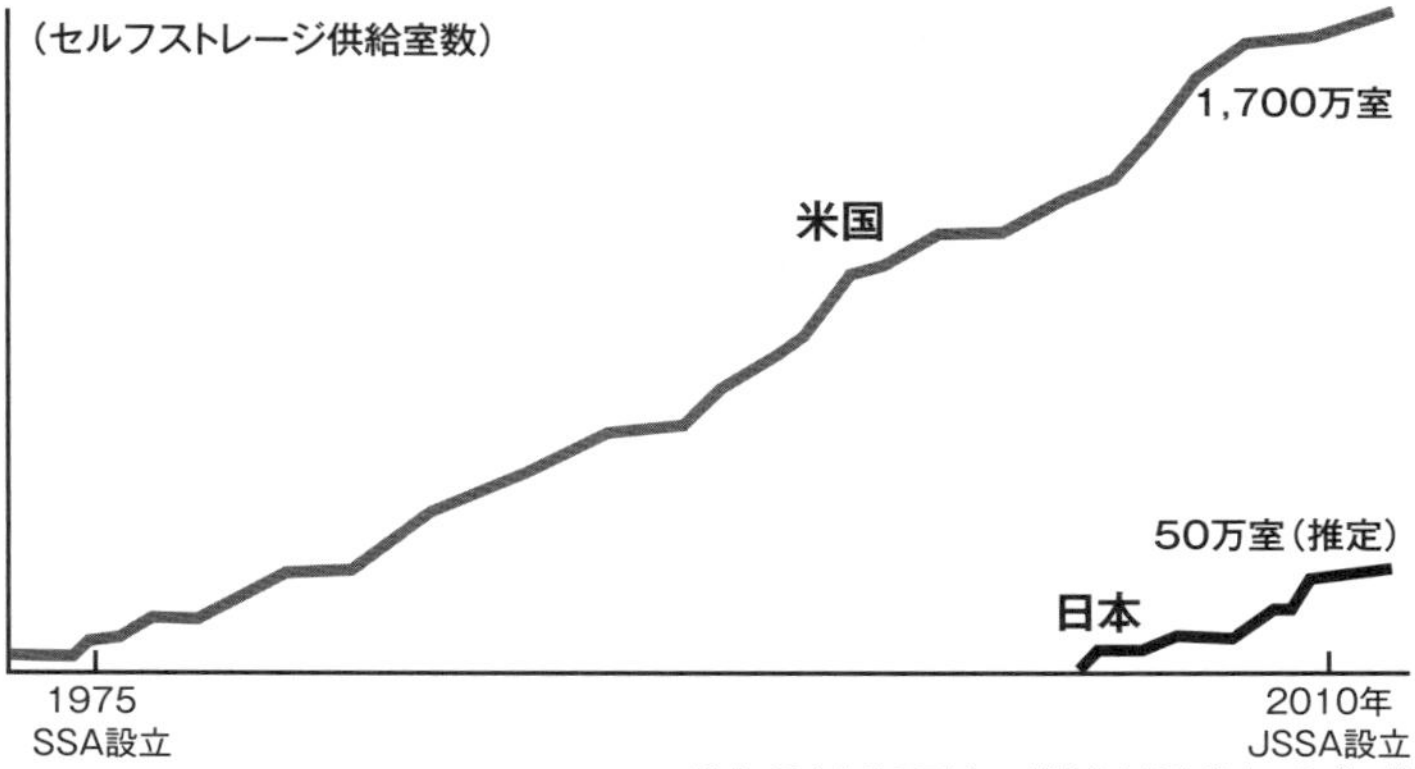

出典:日本セルフストレージ協会(JSSA)ホームページ

始めたきっかけは、私が地方都市に買ったマンションの空室対策でした。その建物は1階と2階がテナントになっており、3階から上が住居になっているのですが、テナント部分の8室のうち5室が空室でした。地方都市なので、この空室がなかなか埋まりませんでした。

苦肉の策として、空いている一つのテナントをトランクルームに改装することにしました。マンションの駐車場は1台しか空きがなく、地方でテナントを募集するには致命的ですがトランクルームであれば、一台でこと足ります。

トランクルーム設備業者に設備を設置してもらい、募集用のホームページを自分で作り、募集を開始しました。内見や契約業務はそのマンションの管理を委託している不動産管理会社にお願いしました。

オープン当初はなかなか利用者が現れませんでしたが、徐々に契約が決まっていき、半年ほどで全スペースが埋まってしまいました。

そこで味を占めてもう一つのテナントにもトランクルームを設置。こちらもやはり半年ほどで満室に。そして次は2テナントを一気にトランクルームに改装し、合計で4テナントに63室のトランクルームを設置することになりました。今ではこの周辺では珍しい「トランクルームマンション」となっています。

やってみてわかったトランクルームのメリット

実際に運営してわかったトランクルームのメリットは、まず手間がかからないこと。賃貸住宅のように設備の故障や人間関係のトラブルといったものがないので、修繕やクレームがほとんど発生しません。また解約があった場合も、賃貸住宅のようにリフォームをする必要はなく、掃除する程度ですぐに次の人に貸し出すことができます。

一度借りたらなかなか解約が出ないというのも特徴です。これは自分で利用しているからわかることでもあるのですが、トランクルームを契約すると荷物をどんどん預けるようになるため、解約するきっかけがなかなかつかめないのです。

そして収益性の高さ。トランクルームの設置にかかった費用は400万円ちょっとで、対して収入は満室になれば月40万円です。初期投資は1年で回収できてしまう計算です。

入退去もあるので実際に満室状態をキープするのは難しいかもしれませんが、それでもテナントとして貸すよりも1・5倍程度の収入があります。収入が多くて支出は少ないという、理想的な投資です。

一方、デメリットとしては、空室がなかなか埋まらないこと。最初の1テナントをトランクルームにした時も、最初の1カ月はほとんど反響がありませんでした。その後、ポツポツと埋まっていき、ようやく半年で満室になるというペースでした。これは賃貸住宅と比較すると遅いペースといえます。

業者に任せず、できるだけ自分でやる

トランクルームの運営は地方都市でこれだけ成功したので、今後ほかの地域でもやっていこうかと思っています。いい立地があれば、リフォームではなくても新しくトランクルームビルを建ててもいいと考えています。

さてトランクルームを運営する場合、気をつけるべきポイントはどこでしょうか。まずは立地です。トランクルームをやろうとしている物件の近隣に同じようなトランクルームやコンテナ収納が多数あれば、価格競争になってしまいます。周辺をよく調査する必要があるでしょう。

管理業務に関しては、トランクルーム専門の事業者に任せるより、地元の不動産会社に任せてしまうのが簡単です。ただしどの不動産会社も引き受けてくれるわけではありません。経験のない会社にとっては「面倒くさい」と思われてしまうからです。

私のようにマンションの管理とトランクルームの管理をセットでお願いすると、引き受けてくれる可能性は高いでしょう。

図5-2 私の所有するトランクルーム

もともとテナント部分を自分で
トランクルームに改装した

トランクルームにする部屋ですが、マンションを持っている人なら、テナントではなく住戸でも大丈夫。キッチンやトイレなどを取り外してしまえば、そのスペースもトランクルームにすることができます。

地方都市でテナントのあるRCの一棟マンションなどは、テナント部分の空室がなかなか埋まらず、そのために安い価格で売りに出されている場合があります。そういう物件を購入して空室でトランクルームを始めるのも面白いです。

また自分で所有する物件がなくても、部屋を借りてトランクルームに改装することもできます。一番簡単に始める方法は、トランクルーム業者のフランチャイズに加盟してしまうことです。物件探しから設備の設置、ホームページでの募集、契約・管理まですべてやってくれます。ただし、加盟金や運営費がかなりかかるので、収益性は落ちます。**より多くの収益を得たいなら、丸投げではなく、なるべく自分で手間をかけた方がいいでしょう。**最初に仕組みを作れば、あとはほとんど自分ですることはありません。

習慣 6

これから人口が増えて発展する国に投資する

注目の海外はここだ！人口と不動産価格の関係

「2025年問題」で日本はどうなる？

日本の人口の「2025年問題」をご存じでしょうか？

2025年までの10年間で700万人の人口が減少します。また、第一次ベビーブームに生まれた団塊の世代がすべて75歳以上の後期高齢者となり、今までどこの国も経験をしたことのない超・超高齢化社会を迎えます。

これが「2025年問題」です。

ここで最も問題になるのが医療費の増加です。高齢化に伴って認知症患者が1200万人を超えるなど、医療費が急激に増加し、税収の3分の2が医療費で消えていくとも言われています。

また人口の減少は経済力や資産価値の低下も招きます。

シンクタンクの大和総研が発表したレポート「高齢化がもたらす不動産市場へのインパクト」によると、世界でも日本国内でも、人口増減と住宅価格の間には長期的に正の相関関係が見られるとのことです。平たく言えば、人口の減少や高齢化が進む地域の地価は下がり、人口が増加している地域の地価は上がるということ。

今後、人口が減っていくと推測されている日本では、不動産価格が低下していく可能性が大きいと考えられます。

このように経済的に衰退していく可能性が高い日本。海外の投資家は今後の日本に対して投資しようと思うでしょうか。２０２５年くらいまではまだいいかもしれませんが、長期的な視野で見ると、投資対象としての地位は徐々に低下していくことは否めません。

日本に投資する魅力がなくなれば、国債市場や株式市場は下落し、円の価値は継続的に下がっていくと考えられます。そうなった時に困らないためにも、国内の資産だけを持つのではなく、海外の資産にも分散することを考えておく必要があります。

人口ボーナス期を迎える「若い国」は？

世界を見渡すと人口が増加している国はたくさんあります。特に「人口ボーナス期」にある国は、高い経済成長を実現できることが明らかになっています。

人口ボーナス期とは、子供と高齢者に比べて、働く世代（15～65歳）の人口が上昇する期間のこと。高齢者の比率が低い期間のため、社会保障費の負担が軽いという特徴もあります。

先進国のなかでは、日本はいち早く人口ボーナス期が終了。アメリカや欧州も終了しています。

アジアのなかではばらつきがあり、中国や韓国、タイ、シンガポール、ベトナムといった国々は人口ボーナス期から人口オーナス（負担）期へと転換しています。

人口ボーナス期が継続中あるいはこれから迎える国としては、まずインドがあります。インドの人口は２０２２年には中国を抜き世界一になるとされていて、人口ボーナス期は２０４０年頃まで続きます。それに伴って長期的な経済成長が期待されています。

2100年までの人口増減率でトップはパキスタンです。日本人には馴染みのない国ですが、政治・経済も安定しており、高い経済成長が見込まれているので私は注目しています。

そのほか、インドネシア、フィリピン、マレーシアなども人口ボーナス期にあります。またこれから本格的なボーナス期を迎え、すごい勢いで人口が増えていくのがアフリカ諸国です。

長期的な視点で見れば東南アジア諸国やアフリカはこれから人口ボーナス期に入るので、かなり有望なマーケットです。投資信託などを使って海外に投資する場合には、これらの国々の人口動態も頭に入れて商品を選定するといいでしょう。

どこの国の不動産もロケーションと取得価格が重要

人口分布図がきれいなピラミッドを描くフィリピン

ここで私が投資したフィリピンの不動産についてご紹介しましょう。

東南アジアのなかでもフィリピンは人口ボーナス期にあり、人口の分布は本当にきれいなピラミッド形をしています。平均年齢は、日本は45歳前後ですが、フィリピンは28歳前後と非常に若い国です。

実際に現地に行ってみるとわかりますが、活気があることを肌で感じられます。経済も順調に成長しているので、みんながお金を稼いでどんどん使っています。将来に不安がないから貯金なんてせずに月に2回ある給料日にほとんど使ってしまうそうです。

ビジネスの中心部に行くと、外資系大手金融機関や大手企業のコールセンターが多数オフィスを構えています。フィリピン人はアジアのなかでも英語の発音がきれいなため、グローバル化が進んでいるのです。

さて私はそんなフィリピンの勢いに魅力を感じ、2011年に4戸のコンドミニアムを契約しました。セブ島に2戸、首都マニラの中心部であるマカティに1戸、そのマカティに隣接するマンダルヨン市に1戸です。

これらのコンドミニアムは「プレビルド」という方式で売りに出されていました。建設前から売られ始め、購入者は契約から工事完了までの3~5年間で、月々少しずつ代金を支払っていき、工事が完了したら半分ほど残っている代金をまとめて支払う方式です。現地不動産業者がセミナーで説明した話では、残金は現地の金融機関から融資を受けられるとのことでした。

完成後トラブル多発のコンドミニアム

最初に完成する予定だったのはセブ島のタワー型コンドミニアム2戸です。セブ島のビジネスの中心地から徒歩数分のところにあり、抜群の立地。価格は1LDK（55平米）で約1000万円。東京の中心地にある同程度の物件と比べたら、数分の1の価格で買えることになります。また、地価の値上がりも期待できます。完成後に貸し出せば利回りは10％くらいになる予定です。

2014年3月、完成の予定でしたが、工期が半年間延びるとディベロッパーから連絡が入りました。しかも残金は11月までには決済してほしいと言われてしまいます。そこで、現地金融機関に融資を依頼したのですが、あっさり断られました。購入時「融資は受けられる」と説明されたのですが、そもそも投資用不動産ローンの取り扱いがなかったのです。

この時は焦りました。さらに悪いことに、契約時から工事完了時まで円安が進み、最後に支払う予定の残金は2～3割もアップしていたのです。なんとか資金の工面ができて残金を支払ったものの、物件の引き渡しを受けたのは結局2015年2月になりました。

完成後、この2戸のうち1戸は賃貸に出し、1戸は売りに出しました。そこでまた問題が勃発。3カ月間たっても購入希望者や賃貸希望者が現れないのです。

客付けをこの業者に任せておくことに不安を覚えた私は、別の業者に依頼することにしました。この業者が言うには、「フィリピンでコンドミニアムを賃貸に出すには、家具付きにする必要がある」とのこと。そこで、この会社の専属のインテリアデザイナーに内装を任せて、家具・家電をつけてもらい、再度募集をかけたのです。

しかし、それでもまだ入居者は決まりません。3カ月ほどたって私はいてもたってもいられなくなり、現地に直接見に行きました。そこでまた驚きの事実を知ります。エアコンが故障し、シャワーのお湯も出ない。洗濯機も依頼したものと違う安物が設置されているなど、ひどい状況だったのです。

信頼できると思った業者に裏切られていたことがわかり、やはり、人に任せっきりにすると騙されることがあるんだと痛感しました。

結局このコンドミニアムは賃貸に出すのを諦め、Ａｉｒｂｎｂで運用することにしました。その運用が思いのほかうまくいったので、売却に出していたもう1戸の方もＡｉｒｂｎｂで運用しています。

マニラのコンドミニアムは損切り

マニラのビジネス中心地マカティに隣接したマンダルヨン市に契約したコンドミニアムでは、大失敗しました。

このコンドミニアムは、ショッピングモールやプールなども併設する大型の開発プロジェクトで、最初に視察に行った時点では、建設予定地にはまだ何もない状況でした。ただ、マカティのなかでも最も人気のある地区が川を挟んで隣接していたので、立地としては悪くないと考え、契約したのでした。

この物件も完成予定の期日が近づいてきましたが、コンドミニアムもショッピングモールも明らかに完成しておらず、引き渡せる状態にありません。それでもディベロッパーは「決済した人から順に引き渡す」と残金の決済を迫ってきます。

私は、しばらくはまだ工事が完成する気配がないこと、完成して貸し出したとしても想定通りの賃料が得られそうにないことなどを考慮して、諦めて損切りすることにしました。

購入価格の7割くらいで買ってくれる人を探しましたが見つからなかったので、結局、キャンセルしました。それまで月々払ってきた金額の半分がキャンセル料として取られてしまいました。

セミナーでの話すべてを真に受けないこと

フィリピンでの不動産投資の経験からわかったことは、やはり業者の話を鵜呑みにして自分で調べることを怠ってはいけないということです。フィリピン不動産投資のセミナーに参加して、業者の話を聞き、信頼できると思って契約を申し込んだのですが、それでも裏切られる結果となったからです。というのもその業者は日本でも有名な大手外資系監査法人出身の方が代表をしており、役員をしている奥様はフィリピン人でしたが大手外資系金融機関出身です。しかも、現地に法人を設立して暮らしており、彼ら自身もいくつかのユニットを購入していました。私は彼らの肩書きと、彼ら自身も購入しているということで、安心しきっていて、自分で調べるということを怠りました。

だいたいこのようなセミナーでは、いい話しかしません。実際に契約してみたら最初の話と違った、ということもよくあります。

また、建設前に購入するプレビルドの方式は、非常にリスクが高いと感じました。実際にはスケジュール通りに完成しないことがほとんどですし、完成するまではキャッシュフローがマイナスになってしまうからです。

海外不動産投資、おすすめはアメリカ

アメリカには安心して取引できる仕組みがある

いろいろと私なりに検討した結果、現時点で海外不動産投資におすすめの国はアメリカです。

アメリカが投資に向いている理由は、まず、アメリカが先進国にもかかわらず人口が増え続け、経済的に成長している国だと言うことです。アメリカの不動産価格はリーマンショック後に一貫して上がり続けています。

また、アメリカは中古不動産のマーケットが成熟しています。

アメリカの不動産を買っているのは実需層がメイン。そして、アメリカでは中古不動産に関するさまざまな情報が公開されていて、誰でもインターネットで、過去の価格、固定資産税、周辺の犯罪、学区内の学校などの情報を得ることができます。

また、売買が「エスクロー」で守られていて詐欺に遭いにくい仕組みになっています。エスクローとは、日本の大手オークションサイト等でも利用されていますが、売り手と買い手の間に信頼できる第三者を仲介させることで、取引の安全性を確保する仕組みです。

不動産というのは取引額が高額ですから、売り主・買い主がお互いに本人かどうかを必ず確認する必要があります。日本では決済の際に売り主・買い主・仲介業者・司法書士など関係者全員が一堂に会して手続きをするのが慣習ですが、国土の広いアメリカではそれができません。

そこで、売り主と買い主の間に入り、中立的な立場で物件の確認、決済、登記、引き渡しなどの業務を行う第三者が必要となるのです。アメリカではこの仕組みが確立しているので、日本人であっても詐欺に騙される心配なく、安心して取引を行うことができます。

アメリカでもおすすめのエリアは

アメリカならどこでもいいわけではありません。

たとえばミシガン州デトロイト市は避けるべき都市の一つ。デトロイトはゼネラル・モーターズ（GM）やフォードなどが本拠を構える自動車産業の街として発展してきましたが、リーマンショックによるGM破綻の余波を受け、2013年に市も財政破綻を宣言し、行政は厳しい状況に陥りました。

財政破綻したことで当然、地価は大きく下がったのですが、そこで「もう底値だろう」と考えた人も多くいました。一時期日本では、デトロイトへの不動産投資がブームのようになっていたほどです。私の知人でも買った人が何人かいます。

しかし、デトロイトの財政は破綻した後にもなかなか上向くことはありませんでした。それどころか街中は荒廃し、廃墟のような建物がたくさん並んでいます。デトロイトは今や、アメリカ一犯罪発生率の高い都市となっています。

デトロイトに不動産を買った人も、現地の会社にリフォームを頼んだのにお金だけ持ち逃げされたり、さらに地価が下がり続けたりなど、大失敗に終わっています。

デトロイトに不動産を買うということは、日本で言えば夕張市に不動産を買うということです。夕張市も苦労しているように、地方自治体の財政再建には時間がかかります。将来的に再建が実現したら地価が上がるかもしれませんが、その可能性を見極めるのはなかなか難しいでしょう。不動産投資で逆張りはリスクが高いです。

不動産投資は立地が大事というのは、どこの国でも共通して言えることなのです。

アメリカの中でも成長している地方都市

ではアメリカの中でもどの都市が不動産投資に適しているでしょうか。

ニューヨークやロサンゼルス、ワシントンといった大都市に買いたいところですが、価格が高すぎるため利回りが非常に低く、投資として成り立ちません。

購入を検討するなら、これから伸びる地方都市がいいと思います。私が特に注目しているのはテキサス州プレイノです。

プレイノにはトヨタの北米本社が移転することが決まったほか、IT大手のHPなど、大企業が続々と集まっています。またそれに伴って所得の高い人たちの人口が増えています。

不動産価格を調べると、2013年頃から2016年の約3年間で1・5倍ほどに値上がりしています。この期間、ドル円も1・5倍ほどドル高になっているので、**2013年に不動産を買っていれば、価値が2倍以上になっていたことになります。**

不動産市場が成熟しているアメリカでは、インターネットの不動産ポータルサイトでいろいろな情報が得られます。たとえば各地域の不動産の価格推移や賃料の推移、周辺の犯罪発生率や進学率が見られる「Trulia（trulia.com）」、地域ごとの物件価格の推移や今後の予測を確認できる「Zillow（zillow.com）」などがあり、とても参考になります。投資を検討する際は、これらのサイトを使って相場を確認するようにしてください。

習慣
7

お金をふやしたいなら人とは逆のことをする

リーマンショック・大震災で大儲けした投資家

普通の人は「みんなが買っているから」と一緒に買う

最近の不動産市況はおおむね好調を続けています。２０１３年の後半頃から地価が上向き始め、アベノミクスの金融緩和の効果もあり、特に投資用不動産の価格はリーマンショック前を上回るほどまでに上昇しています。

そうなると今度は「買いたい」という人が増えてきます。

書店に行けば不動産投資関連の本が並び、新聞、テレビ、女性向け雑誌でもサラリーマン大家さんの話題が取り上げられています。その情報に影響されて多くの人が不動産投資に参入し、また価格が上がるという状況が起きているのです。

冷静に考えれば、そろそろ危険な時期に差し掛かっているといえます。

実際に、金融機関の積極的な融資姿勢に後押しされて、投資に見合わないような高値で物件を買ってしまう人も出てきています。今後もし金利が上昇したり、周辺に新築物件がたくさん建って需給が悪化したりしたら、賃貸経営は厳しくなるでしょう。

めざとい投資家はショック時に買う

めざとい人、大きく稼ぐ人は、多くの人とは反対の発想をします。

私が不動産を買い始めたのは２００８年、リーマンショックの起きた頃です。リーマンショックによりアメリカ経済は大打撃を受け、それが波及する形で世界経済も急激に落ち込みました。

日本も大きな影響を受け、株式市場は急落し、景気は減速しました。不動産市況が冷え切り、不動産会社が次々と破綻したのもこの頃です。

そんな時に不動産を買い始めたのですから、知人には「大丈夫なの？」と心配されました。

ではその後どうなったか。リーマンショックから世界経済が立ち直るにつれて、日本の不動産市況も徐々に落ち着きを取り戻し、特に都市部において地価は大きく回復しました。

私は数年間にわたって家賃収入を得ただけでなく、資産価値の上昇という成果を手にすることができました。


東日本大震災の時も同じような現象がもっとわかりやすく起こりました。震災発生直後、都心の高層マンションや、被災地のアパート・マンションの価格は、一時的に大幅に下落しました。仙台など被害の大きい地域では投げ売り状態になっていました。しかしその後は、移転需要や復興事業に伴う需要の増加で、多くの地域が数年間にわたり一貫して上昇することになりました。

地価だけでなく、賃貸アパート・マンションの空室率も低下し、満室になっているエリアも多いそうです。

めざとい投資家は、その下落したタイミングで物件を買い、満室経営を続けながら地価上昇の恩恵も受けています。

考えてみれば、あれだけ大きい地震が起きたのに無傷で残っている物件は、しっかりした地盤に建つ丈夫な建物です。それが外部要因で一時的に安くなっているのですから、買いのチャンスですよね。しかしほとんどの人は、そのような冷静な判断ができず、焦って売りに出してしまいます。

「逆張り」の発想で大きく稼ぐ！

これは不動産に限らず株やＦＸでも言えることだと思います。

たとえば２０１６年６月に、イギリスがＥＵから離脱するというニュースがありました。そのニュースが発表されて数日間、世界の株式市場は急落しました。多くの投資家がパニックになって投げ売りした結果です。

しかしその後、株価はあっという間に元に戻りました。その数カ月後には、アメリカや日本の株式市場はもちろん、当のイギリスの株式市場も、ＥＵ離脱決定前よりも高い価格で推移しているくらいです。

みんなが同じ方向を向いて、人と違ったことはしないように教育されてきたのが私たち日本人です。だから人と違う行動を取ることは苦手です。しかし**投資で人と同じ**

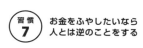

ことをやっていては稼ぐことはできません。

たとえばみんながパニックになって投げ売りしている時に、冷静に判断して買いを入れる。つまり、「順張り」ではなく「逆張り」の発想をすることが稼ぐコツなのです。

もちろん、ただ単に人と逆の行動をすればいいのではありません。**何らかの事情により、実態の価値よりも価格が明らかに割安になっている時に、その価値を冷静に判断して、勇気を持って買いを入れるのです。**

世界経済は日々動いていますから、今後もそのような場面は何度も訪れるはずです。たとえば今なら「中国のバブルが崩壊するのでは？」と心配されていますね。

もし実際に中国がバブル崩壊となったら、世界経済は大きなダメージを受けるはず。その時にどう判断してどう行動するかが、成否の分かれ道です。大きな利益を享受したいなら今から準備しておいた方がいいかもしれません。

半分空いていたアパートを購入して5年で1500万円の利益に

不動産会社が競売で取得した半分空いたアパート

「逆張り」の発想をすることでどのような成果を得られたのか、私の事例をいくつか紹介します。地方に買ったアパートの事例です。

1Kのシングル向けの部屋が10戸あるアパートです。売主は地元の不動産業者で、競売になっているのを安く競り落としたそうです。購入価格は3000万円で、表面利回りは13%です。

この物件の問題点は2つありました。1つ目は地方都市にもかかわらず、敷地内に駐車場が2台分しかなかったことです。地方ではほとんどの都市が車社会のため、駐車場は必須です。首都圏であれば駅からの距離が重要となりますが、地方の場合は入居者分の駐車場の確保が必須となる場合がとても多いのです。

２つ目は入居率です。本来不動産のプロである不動産業者が所有しているにもかかわらず入居率が50％しかなかったのです。
この時点で、ほとんどの投資家は購入を見合わせてしまうのではないでしょうか？

オーナーの行動次第で物件が生まれ変わる

購入後まず最初にしたのが、物件名の変更です。もともとはありきたりな「大家さんの名前＋地名」のついたアパート名でしたが、オーナーが変更されたことを機に、オシャレなフランス語のアパート名に変更しました。アパート名を変更すると、入居者に迷惑がかかると思っている人もいると思いますが、住民票や免許証など公的な書類にアパート名が載ることはありません。したがって、特に手続きも必要なく、入居者に伝えて、物件の看板を交換すればそれだけで完了です。

次に行ったのが管理会社の変更です。購入時点では前オーナーである不動産業者が管理をしていましたが、自己の所有物件ですら半分空いたまま放置していた業者が他

図7-1 ネット上で注目されるための工夫

空いている部屋に家具を設置してモデルルームを作る

人の所有物になった物件を満室に出来るとは思いません。周辺の管理会社にいくつかヒアリングをし、物件の近くに店舗を持ち、管理費も安かった管理会社に変更することに決めました。大手の管理会社ではなかったので、こちらの要望を柔軟に聞いてくれたことが決定の一番の要因です。

次に行ったのがモデルルームの設置です。今どきの入居希望者はいきなり店舗に行って物件を探すのではなく、インターネットで検索して、気に入った物件があったらそれを見たいので店舗に問い合わせをすることがほとんどです。したがって、いかにインターネット上で目立ち、実際に見てみたいと思わせるかが重要になってきます。そこで有効なのがモデルルームとして家具を設置することです。家具を設置することで殺風景だった部屋が、生活感のある部屋となり入居希望者は実際に自分が住んでいる生活をイメージすることができます。また、おしゃれなモデルルームがあると、入居者が決まる確率が高まるので、周辺の客付け業者もはりきって入居希望者を連れて来てくれます。モデルルームの家具は最後の一室になると家具付きの部屋として貸し出したのでその分高く貸すこともできました。

3カ月で満室になり、その後も高稼働を維持して高値で売却に成功

これらの行動の甲斐もあり、半分空いていた部屋は3カ月で満室になりました。その後ももちろん、入退去はありましたが比較的高稼働を維持していました。

しかし、築20年を経過し設備も古くなりはじめ、入退去の時のリフォーム費用もかさむようになってきました。また、以前よりも家賃も下がりだしたため、今高い家賃で入っている入居者が退去する前に売却することにしました。

3800万円で売りに出したところ、3500万円で購入の申し込みが入りその値

段で売却することにしました。結果的に約5年間所有し、その間の家賃収入も含めると約1500万円の利益です。競売になるような物件でも、オーナーが変わるだけでここまで収益をあげられるのが不動産投資の魅力です。みなさんも、他人依存の株や投資信託はやめて、みんなが買わないような不動産を買ってみてはいかがでしょうか？

買った瞬間に含み益。相場の1／3の値段で物件を取得できた理由

複雑な問題があるために安く売られていた土地

次に、最近買った土地の事例です。

23区内某所、賑やかな商店街が有名な駅から徒歩3分のところにある、古い建物付きの約40坪（約132平米）の土地で、購入価格は1880万円です。

相場的にはだいたい1坪当たり250万円前後で取引されている場所です。40坪なら単純計算で1億円になってもおかしくない土地です。

ではなぜこのような土地が2000万円以下で売られていたのか。それにはいくつかの理由があります。

まず、売り主が高齢で売り急いでいたこと。

これは安く買うために重要なポイントの一つです。相続した物件で相続税の支払い期限が迫っているとか、次の物件を購入したので早く現金が欲しいとか、いろいろな理由で売り急いでいる場合があります。

売り急いでいる物件は、価格交渉に応じてもらいやすくなります。したがって、物件を買おうとする際は、売り主の売却理由を聞いた方がいいのです。

もう一つの理由は、「旗竿地」で再建築不可だったこと。

旗竿地とはその名の通り、前面道路に接しているのが細い通路だけで、旗と竿のようなかたちをした土地のこと。「敷地延長」ともいいます。旗竿地は、四角い形をした整形地よりも価格が安くなります。

図7-2 旗竿地は価格が安い!

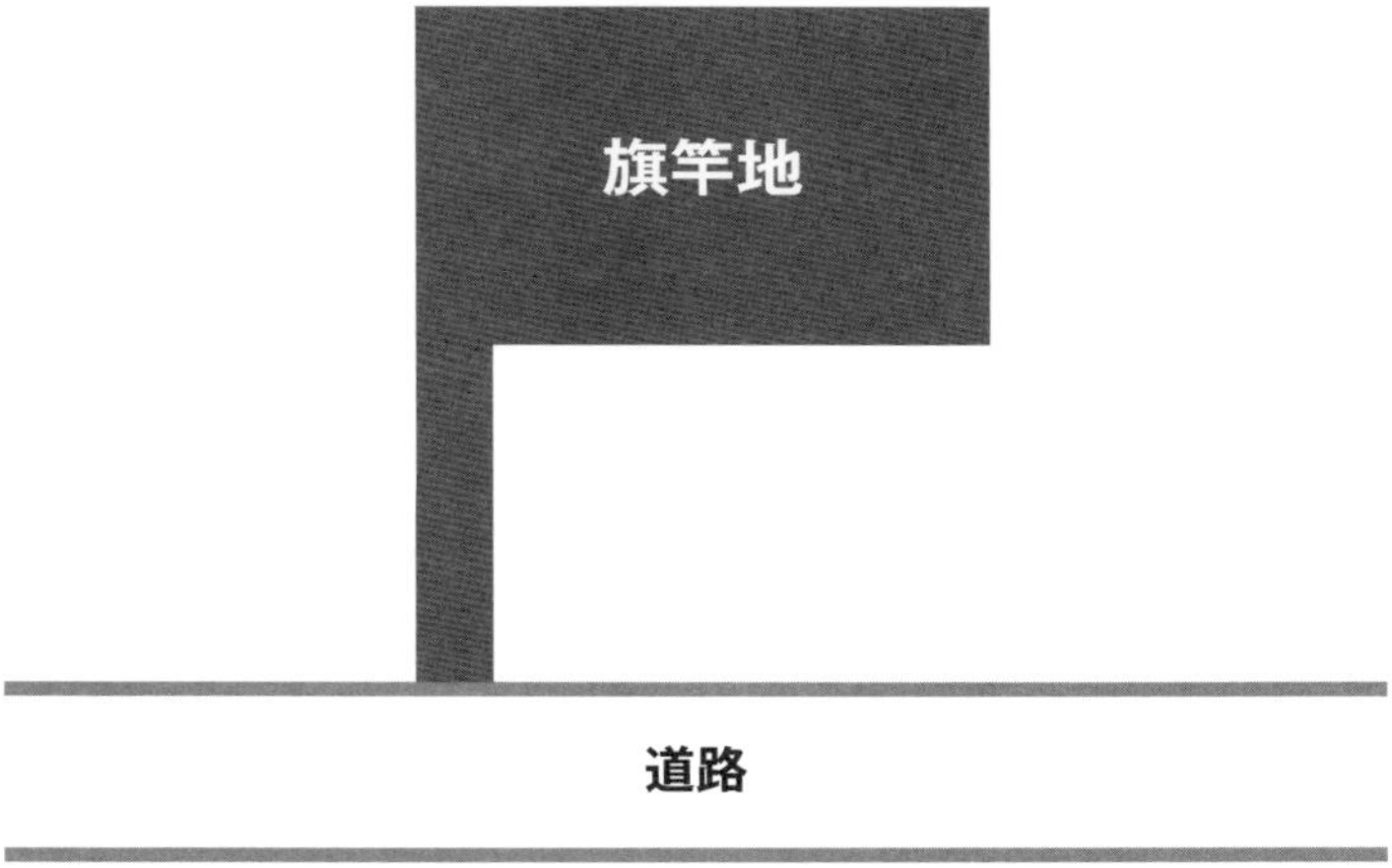

旗竿地でも家を建てることはできますが、建築基準法の「幅4メートル以上の道路に、2メートル以上接していなければ家は建てられない」というルールをクリアしなければなりません。家を建てた後に建築基準法が変わったケースもありますから、すでに建っている家に関してはこのルールに違反していたとしても問題ありません。

しかし新たに建て直す場合には、このルールに適合している土地でなければ建築許可は下りません。私が買おうとしている今回の土地も、道に接している幅が狭く、再建築の許可は下りない物件だったのです。

再建築不可の物件は、通常の銀行では融資を受けられません。ノンバンクというちょっと特殊な金融機関でしか融資してもらえないので、それだけで購入希望者の間口は狭まることになります。

さらにもっと大きな問題として、権利関係が複雑だったことがあります。

この土地の上には建物が二つ建っているのですが、一つの建物は「所有権」になっているのに、もう一つの建物には「使用貸借権」という、あまり聞いたことのない権利がついていていました。

おまけに、その使用貸借の権利を持っていた人が亡くなって、その権利を相続した相続人がなんと12人もいました。

権利関係が非常にややこしいおかげで、一般の金融機関からは融資が受けられない物件となっていたのです。この問題に対してはさすがのノンバンクも融資は無理との判断でした。

このような問題があり、買えたとしても生かせるかどうかわからないような土地ですから、買うなら現金一括で支払うしか選択肢はなかったのです。

問題をクリアできると見込んで現金一括で購入

たとえいろいろな問題があったとしても、周辺相場と比べて安すぎる土地です。なんとかして購入したいと私は考えました。そしていろいろと調べた結果、問題を解決する方法はあると確信できたので、現金での購入に踏み切ったのです。

では、どのように問題を解決していくのか。

まず権利関係の問題は、12人いる相続人の全員から1人の相続人へ、まず権利を集約してもらうことにしました。そしてその集約した権利を私が100万円で買い戻すという約束をしたのです。これまでの使用貸借権に関する判例でもそういったケースがあったようです。

次に再建築の問題ですが、これは周辺住民へのヒアリングの結果、将来的に隣地から少しの土地を購入することで、再建築可能にできると判断しました。

このようにして権利関係がすっきりと解消され、そしてお隣からほんの少しの土地を売っていただいて道に接する幅を2メートルにすれば、何の問題もなく再建築ができ、銀行からの融資も受けられるまともな土地の完成です。

これが成功すれば、最低でも土地の価格は3倍に跳ね上がるはずです。この土地を手に入れた途端に、私は4000万円以上の含み益を得られたことになります。

このように、「権利関係が複雑だから」「再建築不可だから」といった理由で融資が付かない物件は、いくら割安であってもライバルが減っていきます。そして最後は現金を持っている人同士の勝負になる。

こういった大きなチャンスをつかむためにも、**普段から物件を買い進める時は融資を積極的に利用して、現金を温存しておく方がいいのです。**

この物件はまだ買ったばかり。これから隣地所有者と交渉して、再建築可能の土地に生まれ変わらせることができたら、転売して利益を得るか、それとも新築アパートを建てるか。今からとても楽しみです。

Column

お金持ちになるための名言集

お金持ちになりたいなら、まずは「思考の切り替え」が必要です。今回のコラムでは私がお金持ちになるために厳選した名言集を集めてみました。これらを読めば、どのようにしたらお金持ちになれるかわかってくるかもしれませんね。

「楽な選択をすることが、困難な状況を作り出すのだ。苦しいこともあるかもしれないが、夢を叶えるためには困難な状況に自ら進んでいくこと」

ピーター・マクウィリアムス（作家）

「投資において、苦しまずに得る利益などほとんどない」

ロバート・D・アーノット（実業家）

「自分よりも優れた人たちと付き合いましょう。そうすることで自分を成長させることができるのです」

ウォーレン・バフェット（投資家）

「あなたにとって最大の財産は、あなたの知識、『知っていること』だ。反対に最大のリスクは『知らないでいること』。どんな事にもリスクはつきものだ。だからこそ、それを避けるよりも上手く乗り越える方法を学ぶことが大切なのだ」

ロバート・キヨサキ（投資家）

「貧乏な人や怠け者は、成功する人より『できない』という言葉をよく使う。彼らが『できない』という言葉をよく使うのは、『できる』と言うより簡単だからだ。『それはできない』と言ってしまえば、たとえ本当はできても、やらなくてよくなるんだから」

私の知る限り、苦労せずにお金持ちになっている人は1人もいません。まずは今の居心地の良い環境を捨て、自分にとって居心地の悪いところで新しいチャレンジをしてみてください。そうすればきっと新しい道が見えてきますよ。行動しなければあなたの人生は今のまま全く変わりませんし、社会の流れに任せていてはむしろ悪化していくだけかもしれません。

習慣
8

1人ではお金持ちになれない！メンターを探す

日本人の知らないお金のこと

お金に対して持っている罪悪感を捨てる

私は日系企業・外資系企業をいくつも転職し、さまざまな国の人たちとかかわってきましたが、日本人はお金のことを知らなすぎると実感しています。

お金に興味がないというわけではありません。でも多くの人は、人前でお金の話を大っぴらにしたりはしませんよね。

心のどこかで、「お金の話ばかりするのはいやらしい」「世の中はお金がすべてじゃない」「額に汗して働くのが美徳。楽して金儲けはよくない」という倫理観のようなものが働いているのだと思います。

確かに、人生はお金がすべてではありません。お金では買えない大切なものもたくさんあります。とはいえ現実的には、ほとんどの問題はお金があればなんとかなるものばかりです。

アメリカの心理学者アブラハム・マズローの説によれば、人間の基本的欲求は下から①生理的欲求、②安全欲求、③社会的欲求、④自我欲求、⑤自己実現欲求、の5段階ピラミッドになっているそうです。

最も基本的な①生理的欲求（食べたい、寝たい）が満たされると、次は一つ上の②安全欲求（安心・安全な暮らしがしたい）が出てくるというふうに、だんだん高次の欲求を求めていきます。

この説に沿って考えると、①や②など低い次元の欲求ほど、お金で解決できてしまう欲求だとわかります。反対に④や⑤に

図8-1 マズローの5段階の欲求

なってくると、お金だけではどうにもならない欲求となってきます。

つまり、私たちが生きていくための不安から解放され、自分の人生を本当に楽しみ、自己実現をするためには、まずは経済的な基盤を確立することが大切ということです。豊かな人生を生きるためにはお金は欠かせません。それなのに日本の学校では、お金に関する教育は行われていません。家庭においても、子供とお金のことについて話をする機会はほとんどないのではないでしょうか。

これでは国民全体の金融リテラシーが低くなってしまうのも仕方がありません。

大学入試までは必死になるのに、就職先選びはイメージ優先

私が最も疑問に感じるのは、就職先を選ぶ際、安易にイメージなどで選んでいる人がとても多いということです。

私は日系企業から外資系企業に転職し、さらに外資系企業を数社渡り歩いてきましたが、そのたびに年収がアップしていきました。同じような業種であっても、働く会社によって年収が倍くらい違うこともありました。

もちろん年収だけが大事では決してありませんが、このような経験を通して、働く会社をどう選ぶかは人生のライフスタイルにおいて非常に大切なことだと実感しました。むしろどこの大学を出るかより、どこの会社でどういう仕事をするかの方が人生を大きく左右します。もちろん、いい大学を出れば、その選択肢も広がりますが、せっかくいい大学を出ても、最後の一番重要な選択をする時に、しっかりと調べずに決めてしまっているのです。今の時代、定年まで同じ会社で働くことは珍しくなりつつあり、日本でも転職する人が多くなっていますが、最初からいい会社に勤められるのであればそれにこしたことはありません。

自分の就職先だけでなく、自分の子供の就職先についても同じです。

多くの親は、子供がいい大学に進学することには熱心で、塾に通わせたり、私立の中学や高校に通わせたりします。そしていい大学に入学できたらそれがゴールのように思えて、満足感に浸ってしまう。

しかし、人生において本当に大切な時期は就職してからです。でもそこに積極的にかかわっている親はあまりいません。「子供の好きなように選ばせる」親が多いのではないでしょうか。

子供から相談されればアドバイスくらいはするかもしれません。でも、「悪いことは言わないから大企業にしておけ」「公務員になれば安泰だよ」くらいの、今の時代にはあまり役に立たないアドバイスしかしていない人が多いと思います。

台湾企業に買収されたシャープ、ルノーの傘下にある日産のそのまた傘下に入ってしまった三菱自動車工業など、かつては名門だった大企業が凋落する例はいくつもあります。

大企業だからといって決して安心はできない時代です。「その企業が今後も伸びていく業種か」「今後ＡＩやロボットなどに置き換わって行くような業種ではないか」といった将来まで見据えた視点で、就職先もアドバイスしてあげることが大切なのです。

業種だけでなく、給料や退職金についてもよく調べる必要があります。

就職する会社によって給料は大きく違います。例えば同じ営業職でも業界が違うだけで給料が2倍になることもある。就職先を探す際は、そういったことも含めてリサーチするべきです。

誰だって「給料ランキング」や「平均年収」くらいはチェックしているかもしれませんが、それを鵜呑みにしてはいけません。いくら給料が高くても、サービス残業が多かったり、あるいは退職金が出なかったりといった会社もあるからです。

私が働いたある会社では、給料はそれほど多くはありませんでしたが、退職金がたくさん出ました。退職金を在職期間で割ると、月10万円ほどもらえたことになります。また、他の会社では年俸制で見た目の年収は高かったのですが、残業代も退職金も、挙げ句の果てに交通費の支給すらありませんでした。

繰り返しになりますが、会社を給料や待遇で選べと言っている訳ではありません。**同じような仕事をして、働く時間が少なく、給料が高ければ、より有効に時間を使えるようになり、人生が豊かになる可能性が高くなる**ということです。社員の豊かさランキングなど調べる会社があればとても役に立ちそうです。

しかし、こういったことを教えてくれる人は誰もいません。仕事のやりがいはとても重要ですが、やりがいだけで一生安泰に暮らしていける時代は終わりつつあります。学生のうちに、「どの会社で働けば将来有望か」「働いている間に実質的にもらえるお金はいくらになるのか」など、働き方・稼ぎ方を教えてくれる専門の塾があってもいいくらいだと考えています。

誰も本気で考えていない、老後のお金

もう一つ日本人が知らなければならないことは、老後資金の貯め方、使い方です。前述したようにほとんどの日本人は、老後資金の必要性を感じていながらも、必要となる資金の半分も貯蓄できていません。

「退職金が入ってくるから」「年金があるからなんとかなる」そう思っている人があまりにも多い。

そして実際に老後が近づくと、貯蓄が少ないことに焦りだして、おもむろに資産運用を始めようとして、失敗します。銀行で勧められた高利回り外貨建て債券などを数百万円単位で買い、為替変動によって大きな損失を被るといったケースもよく聞きます。

雑誌でもよく「50歳からの資産運用」などと特集を組んで、株式投資やFX投資を紹介していますが、50歳から始めて本当に稼げるようになるとは到底思えません。株

式投資は長期的に投資の経験を積んでいくことが大事ですし、ＦＸに至ってはそもそも1割の人しか利益を上げられないという実態があります。特に株やＦＸで勝つにはメンタルがとても重要になります。50歳を超えて、これから入ってくる収入が見えている状況で、老後に向けた大事な貯蓄を株やＦＸのようなハイリスク、ハイリターン商品で勝てるほど甘い世界ではありません。むしろ50歳を超えたら、いかに今の資産を安定的に守って行くかを考えるくらいに資産を作っておきべきです。

そのためにも**若いうちから老後のことを考えて、ストック収入を得る仕組みを構築していくことが大切**なのです。

「自分の親は資産運用なんてしてていなかった」という人もいるかもしれませんが、親世代と自分とは全く違う時代に生きていることを認識しなければなりません。

お金のことを勉強したり資産運用の経験を積むのに、適切な時期というものはありません。今すぐ始めることが大切です。

自分に近い属性のメンターを探す

メンターの成功したステップをまねる

お金の勉強をするうえでの基本は、誰かをお手本にすることです。すでに成功している人をお手本にすることで、苦労せずに成功を手に入れることができます。

本を出している人などをお手本にするのもいいですが、できれば直接会って助言をもらった方が参考になりますよね。そのような助言をくれる人を「メンター」といいます。

メンターを持つことのメリットは、成功の確率が上がることです。

メンターが成功したステップをまねすることで、失敗を事前に回避しながら、成功への近道を辿ることができます。

メンターからその時々で助言をもらえるような関係になれれば、とても有益です。自分1人で考えていると、無意識のうちに自分を抑え込んでいたり、明らかに間違った方向に行ったりすることがよくあります。こうした問題を、メンターと話をするだけで修正できることがあります。

メンターを探す方法で一番いいのは、いろいろな人と交流することです。

たとえば不動産投資についてのメンターを探しているのであれば、不動産投資のセミナーや交流会に積極的に参加して、成功を収めた人と仲良くなるのがいいでしょう。

その際のポイントは、自分と似たような属性の人を探すということです。

属性というのは、年齢や性別のほか、サラリーマンか自営業か、サラリーマンでも年収はどれくらいか、金融資産はどれくらい持っているか、などの状況のことを指します。

自分の現在と似た状況からスタートして成功を収めたメンターがいれば、その成功を収めるまでの道筋を教えてもらうことで、非常に有益な情報となります。

自分と状況が違う人の成功談を聞いても、あまり参考になりません。年収300万円のサラリーマンが困っているポイントと、年収1000万円のサラリーマンが困っているポイントは全然違うからです。

不動産投資について細かいことを言えば、住んでいる地域によっても融資を受けられる金融機関が異なってきます。したがって同じ地域に住む、似たような属性のメンターを探すのが最もよいということになります。

自分より少し高い年収の人と付き合う

交流会などに参加すると、自分と同じくらいのレベルにいる人と仲良くなりがちですが、それだけで満足していてはいけません。

最初に誰が言ったか定かではありませんが、「自分は、自分の周りにいる最も近しい人5人の平均だ」という説があります。自分が普段仲良く付き合っている人が、いまの自分を作っているということです。自分の年収も、その5人の平均年収とだいたい同じになるはずです。

であれば、自分よりも少し高いレベルの人とお付き合いすることが大事になります。

年収をアップしたいなら、普段から意識して、自分よりも高い年収の人と付き合って、彼らの思考をまねる必要があるのです。

自分とかけ離れすぎた人と話を合わせることは難しいかもしれませんが、少し上ぐらいの人となら、仲良くなるのはそう難しくはないはずです。

そして自分がそのレベルの年収に達したら、次はさらに高い年収の人と付き合うようにする。こうすれば一歩一歩、自分の属性を高めていくことができます。

ちなみに私自身についてお話をすれば、その時々で手本にした人はたくさんいますが、この人というメンターには巡り会えませんでした。失敗したり遠回りしたりと苦労しながら、自己流で道を切り開いてきたという感じです。

そして今では教えられるというよりも、セミナーや懇親会などで人に教える側に立っています。外資系時代の友人からも不動産投資の相談をされてアドバイスをすることはよくあります。

正直、「うらやましいな」と思ってしまいます。自分が苦労して築いてきたノウハウを彼らは近道して手に入れているのですから……。

とはいえ、私自身もまだまだ上を目指していきますから、これからもメンターになってくれるような人を探しつつ、自分も誰かのメンターとなって有益なアドバイスをしていきたいと思っています。最近は人に与えれば与えるほど、自分にそれ以上のものが返ってくるということがわかってきたので、今後はどんどん自分から与えることを意識していこうと思います。皆さんももらうだけでなく、与えることも意識するとどんどん豊かになっていくので是非意識してやってみてください。

Column

本をたくさん読んだだけではなかなか成功できない

「机をはさんで賢者とかわす1回の会話は、1カ月かけて本を読むのに値する」

これは中国のことわざですが、私は実際にさまざまな人の相談を受けて来て本当にその通りだと思います。分かりやすい例をあげると、私が20代でゴルフを始めた頃、アイアンで打ったボールが毎回左に曲がってしまういわゆるフックに悩んでいました。当時はお金も余りかけられなかったので、いろいろな雑誌を読んでみては、1人で練習場に通い、いろいろな修正方法を試したのですがなかなか直りません。あるとき練習場でたまたま見かけたプロゴルファーのワンポイントレッスンに申し込んでみました。そして、数球打ったところでそのプロゴルファーに、クラブの握り方のアドバイスを受けたのです。そして言われるがままの握り方にして、ボールを打ってみるとなんと1球目からいきなりまっすぐにボールが飛ぶようになったのです。ゴルフの上級者からしてみれば、すごく基本的なことですが、初心者にとってはなかなか気づきにくいものです。私はゴルフのレッスン代を惜しんだばっかりに、雑誌のお金や練習場での練習代に無駄なお金を使い、さらに大事な時間までも失っていたのです。はじめから、レッスンに通っていた方がよっぽど、時間とお金を節約できました。

これは投資やビジネスでも同じことが言えます。もちろん本をたくさん読んで知識を得ることはすごく重要です。しかし、まだ必要のない知識であったり、いろいろな知識を詰め込み過ぎて、自分が何から始めればいいかわからなくなっている人がたくさんいるのです。

そんな時に頼りになるのがメンターの存在です。自分が何かで悩んで立ち止まっている時にでも、経験豊富なメンターから一言アドバイスをもらうだけであっさりと解決してしまうことは本当によくあることなのです。みなさんも本ばかり読んで頭でっかちにならずに、メンターとすべき人を探してみて下さい。良いメンターが見つかればきっとあなたの成長が加速するはずですよ。

実践編

お金をふやす！とにかく行動を起こすための具体的ステップ

行動しなければ何も始まらない

行動しなければいけないのは分かったけど何から始めればよい？

ここまで本書を読んでくれたあなたは、行動することの重要性と、何もしないことのリスクをお分かり頂けたのではないでしょうか？

繰り返しになりますが、このまま何も行動を起こさなければ、あなたは老後普通に生活して行くことすらままならなくなるかもしれません。

会社が悪い、政治が悪い、社会が悪いと外部環境のせいにしていても何も変わりません。あなたの生活を守ることができるのはあなたしかいないのです。それではまずは何から始めればいいのでしょうか？

まずは現状を把握する

まず大事なことは、現在のあなたの状況を把握することです。

毎月の収入
毎月の支出
現在の貯金の額
月々できる貯金の額
定年の年齢
退職金の額
退職後の収入
年金の支給開始年齢と金額
退職後かかる毎月の支出
退職時の想定貯金額
平均寿命(男性80歳、女性87歳)まで生きるとして必要な貯金額

退職までに必要な貯金をするために毎月すべき貯金額

実際に自分が将来必要となるお金の金額を出してみていかがでしょうか？　おそらくほとんどの方が、現状では必要となる金額を貯金できていないのではないでしょうか？　これはあくまでも、あなたが平均寿命でなくなるまでに最低限の生活をするために必要な金額なのです。せっかくの機会なのでしっかりと現実の把握をしてみましょう。

現実を知りショックを受けるかもしれないですが、今知ったあなたはむしろ幸運です。定年退職が近づいてから気づいたところでもう既に時間もお金も足りず、そこから老後の生活資金を作るのは難しいでしょう。定年退職後もアルバイトなどで生活費を稼ぐしかありません。あなたはそんな生活をしたいですか？

「やりたくないことリスト」「やりたいことリスト」を作る

一番の敵は自分自身のモチベーション

お金をふやそうと行動を起こす中で、もっとも妨げとなるのが自分自身のモチベーションの低下です。豊かな日本に暮らす人のほとんどは、衣食住に困ることはありません。マズローの定義でもご紹介しましたが、人は①生理的欲求、②安全欲求が満たされるとそれ以上のモチベーションを保つことが難しくなります。現在、普通の生活ができているので、ちょっと困難なことに直面すると、将来不安なことは忘れて「今のままでもいいか」とお金をふやすことを簡単に諦めてしまうのです。

✓ 現状のやりたくないことをモチベーションに変える

通常、目標を立てる時によく言われるのが「やりたいことリスト」を作りましょうというやり方です。例えば、私が相談を受けた人に目標をたずねた時は、将来はセミリタイアして南の島でのんびり暮らしたいとか、ボランティアで貧しい海外の国で学校を建てたいという目標が返ってきました。もちろん、すごく志が強く、絶対にこれらを達成しなければいけないと思えれば達成できるかもしれませんが、これらの目標は達成しなくても自分に痛みが伴わないため、これらのやりたいことリストだけでモチベーションを維持することが難しくなってしまいます。

そこで有効なのが「やりたくないことリスト」を作ることです。例えば、毎朝の通勤ラッシュで満員電車での通勤をやめたいとか、今の理不尽なことが多い会社をやめたいというようなことです。これらは現状既に自分自身に痛みがともなっているため、嫌なことがあるたびに、早くこの現状から抜け出したいという強い気持ちがモチベーションの維持を助けることができるのです。

そうは言っても、たとえやりたくないことをやらなくて済むようになっても、その後自分のやりたいことができなければ再び同じことの繰り返しになるかもしれません。

したがって、まずは「やりたくないことリスト」を作成してから、それをもとに「やりたいことリスト」を作成する。すると、自分が本当にやりたいことだけを情熱を持って取り組むことが出来るようになります。

やりたくないことリストの作り方

やりたくないことリストの作り方は簡単です。まずは現状で少しでも不満に思っていることをどんどんあげてみて下さい。そして次に先ほどの現状把握でわかった将来の不安に関することもあげてみて下さい。

たくさん出すコツとしては、カテゴリーごとに分けてあげていくことです。まずは大きく仕事とプライベートに分けます。

例えば仕事に関しては

通勤に関すること（満員電車に乗りたくない）
働いている会社に関すること（今の会社でずっと働きたくない）
職場の環境に関すること（狭いデスクや空気が悪いところで働きたくない）
職場での人間関係に関すること（嫌いな上司や同僚と働きたくない）
給料に関すること（今の給料で働き続けたくない）
昇進・昇給に関すること（昇進や昇給のプレッシャーは嫌だ）
業種、職種に関すること（今の業種で働き続けたくない）
その他の福利厚生などの待遇に関すること（有休が少ないのは嫌だ）
働く時間に関すること（残業はしたくない）
仕事の内容に関すること（誰でもできるような仕事はしたくない）

プライベートに関しては、
パートナーに関すること（こういう人とは結婚したくない）
子供や育児に関すること（子供にみじめな思いはさせたくない）
親に関すること（介護問題でもめたくない）

兄弟に関すること（相続でもめたくない）
友人に関すること（こういう人とは付き合いたくない）
お金に関すること（欲しいものを我慢したくない）
自宅に関すること（古い今の家に住み続けたくない）
住む場所に関すること（～に住み続けたくない）
健康に関すること（運動不足になりたくない）
老後に関すること（老人ホームに入りたくない）
ものに関すること（～を持たないのは嫌だ）
自分自身の性格に関すること（～な性格にはなりたくない）

これらすべて合わせて１００個以上のやりたくないことをあげてみましょう。各カテゴリーごとに５つくらいずつあげれば、１００個くらいはすぐにあがるはずです。ここであまり数が少ないと、後からやりたくないことが出てくることになり、その都度考え直す必要が出たり、目標設定がぶれてしまう可能性があります。

そして、やりたくないことのリストができたら、それをやらないためには何をやればいいか、それをやらなくてよくなったら自分は何をやりたいかということを考えながら「やりたいことリスト」を作成してみて下さい。さらに、やりたいことリストができたら、それを達成するために、どれくらいの資産や収入が必要なのか考えてみましょう。

ハーバード大学MBA調査でわかった。目標設定だけで収入が10倍になる

目標設定が収入に大きく影響する

ハーバード大学のMBA（経営大学院）は1979年の卒業生に未来の明確な目標やゴールを設定して計画を立てているか？　というアンケートを実施しました。

その回答は、
①84%の卒業生は「全く目標の設定をしていない」と回答
②13%の卒業生は「目標の設定をしているが紙には書き留めていない」と回答
③3%の卒業生は「明確な目標設定と計画を立てて紙に書き留めている」と回答

そして10年後の1989年に卒業生の収入の追跡調査を行ったところ驚くべき結果がわかりました。

「目標の設定をしているが紙には書き留めていない」と回答した②の13%の卒業生の収入の平均は「全く目標の設定をしていない」と回答した①の84%の卒業生の2倍の収入を得ていた。

さらに、「明確な目標設定と計画を立てて紙に書き留めている」と回答した③の3%の卒業生の収入の平均は、他の97%の卒業生の収入の10倍を得ていたということでした。

✓具体的な資産目標、収入目標と達成時期を決めて紙に書く

ハーバード大学の事例で、目標と計画を立てて紙に書くことの重要性はわかって頂けたと思います。

実際に私もサラリーマン時代に、具体的な資産目標と収入目標、さらにそれを達成する時期を紙に書いていつも持ち歩いていました。その目標を書いた当時は自分でも本当に達成するのは難しいだろうと思っていたほど、当時の自分には大きな目標だったのですが、数年後にその目標と自分自身の実績を照らし合わせてみると、なんとほとんど一致していました。

書くだけで本当にお金持ちになれるのか、お金をふやせるのか、と懐疑的な読者の方もいらっしゃるでしょう。しかし、ここで行動することで将来が違ってくるのです。ぜひ、自分で目標額および達成時期を決めて紙に書き、自分自身を信じてやってみてください。

個人の目標達成にも有効なPDCAサイクルで常に改善する

PDCAサイクルとは

PDCAサイクルとは品質の維持・向上および継続的な業務改善活動を推進するマネジメント手法の1つです。計画（plan）、実行（do）、評価（check）、改善（act）のプロセスを順に実施します。最後のactではcheckの結果から、最初のplanの内容を継続（定着）・修正・破棄のいずれかにして、次回のplanに結び付けます。このらせん状のプロセスを繰り返すことによっ

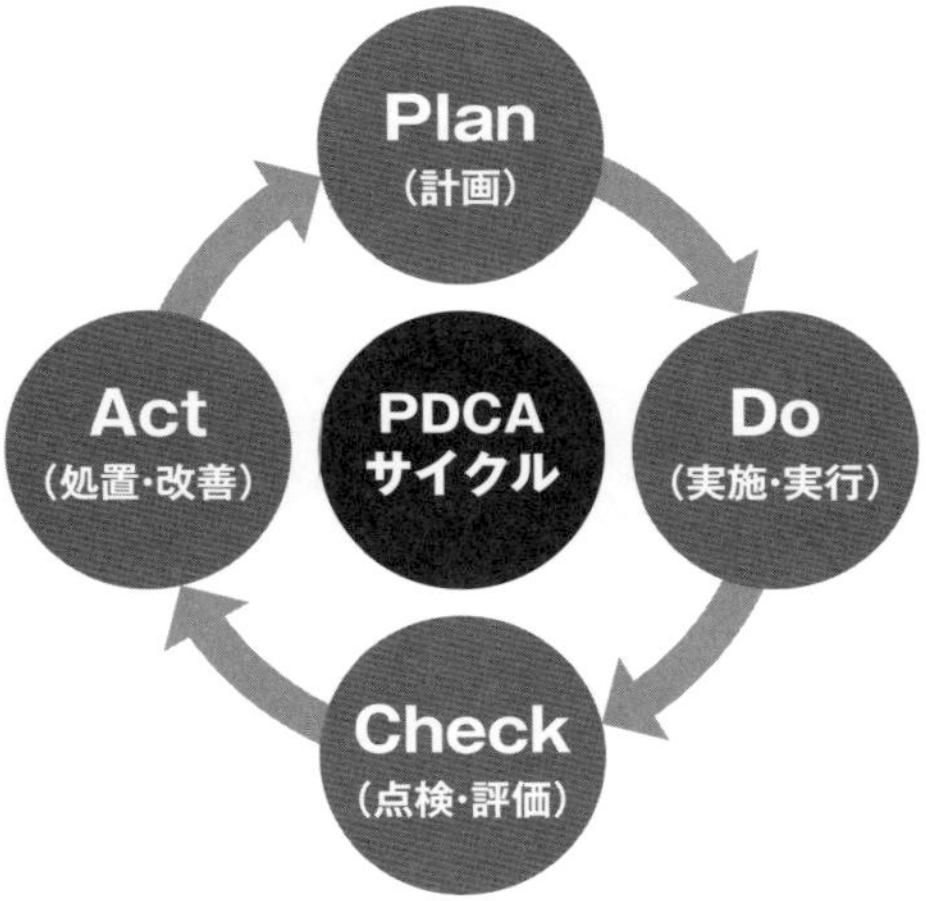

て徐々に品質や業務の改善がされていきます。一般的には製造業などでよく使われる手法ですが、個人の目標管理にも有効です。

Plan 目標が決まったらそれを達成するための具体的な計画が重要

目標を決めて、紙に書いたらそれだけで満足してしまっている人がいますが、それだけではあなたの人生は何も変わりません。大事なことはその目標に向けて、実際に行動を行うことです。そして、その行動を起こすために、より具体的なアクションプランがあると、さらに目標を達成できる可能性が高まります。

例えば不動産投資で1棟マンションを購入するという目標を達成したいとすると、

①不動産投資の関連書籍を10冊以上読んで知識を付ける。
②自分が共感できる著者や、属性が近い著者が主催するセミナーや勉強会に参加して

みる。
③そのセミナーや勉強会でメンターを探す。
④毎日30分以上、不動産ポータルサイトで物件を探す。
⑤良い物件に実際に問い合わせて月に10件以上の物件を見に行く。
⑥月に5社以上の不動産業者を新規開拓する。
⑦自分に融資をしてくれる金融機関を開拓する。
⑧月に1回は物件の購入申し込みをする。
⑨月に1回は金融機関に融資の申し込みをする。
⑩1棟マンションを購入する。

このPlanを立てる時に大事なことは、それをいつまでに実行するかという期日と、数をこなすものについては具体的な数値目標を立てます。そうすることにより、後からCheckする時に、評価しやすくなります。また、メンターがいる場合はそのメンターと一緒にPlanを立てるとより効率的にゴールに向かって最短の計画が立てられる可能性が高まります。

Do 計画を立てたら愚直に実行する

計画を立てたら、それに従ってただ実行あるのみです。実行する時に大事なことは2つあります。立てた計画を意識して行動することと、後で評価できるように、結果がわかるようにメモなどに記録しておくことです。ブログなどに書いて自分の記録とともに情報発信することで、モチベーションの維持やそれを見た人からアドバイスをもらえる場合もあります。忙しいからと言って自分自身に言い訳しても、自分が損するだけです。決めたらとにかくやり抜くことを心がけて下さい。

Check 結果を評価する

Planで決めた期日が来たら、実行結果を評価します。まず大事なことは、自分が望んだ結果が出たかどうか？　もし、望んだ結果が出たのであれば、そのまま次のActへ進みましょう。もし、結果が出なかったのであれば、Planで立てた数値目標が達成できているか個別に評価していきます。

Act 計画および行動を見直し改善する

結果が出ているのであれば、立てた計画と行動が間違っていないので、次の目標に向けてあらたな計画を立てていきます。その際に前回のＰＤＣＡサイクルでは必要であったが、次は不要な項目も出てくるでしょう。また、一度経験してみてより効率的な改善ポイントも見つかるはずなので、自分にとってのベストのＰＤＣＡサイクルができるように心がけて下さい。

結果が出なかった人は、まずは計画通りに行動できているかを確認し、行動できなかった場合は単純に行動不足の可能性があります。また、行動できなかった人はなぜ行動できなかったかその原因を追求すると、より次に行動できるようになります。

そして、計画通りに行動したにもかかわらず結果が出なかった人は、そもそもその計画がダメな可能性もありますので、なぜ結果が出なかったかを分析する必要があります。メンターがいる場合は、メンターと相談し、計画そのものをもう一度見直して下さい。

成功している人はひたすら同じことを繰り返している

私は今までに多くの成功者を見てきました。そのほとんどの方が成功するまでは多くの失敗を繰り返し、自分で修正を繰り返しながら、成功のサイクルを見つけ、それを見つけた後はひたすらそのサイクルを繰り返しているだけです。逆に成功していない人ほど、情報に流されてあれこれいろんなことに手を出して、すべて中途半端でうまくいかずに諦めてしまいます。

何を隠そう、まさに私自身がこのタイプでした。もともと器用な方ではない私は、あれこれやってはうまくいかず諦めていました。しかし、1つのことに結果が出るまで集中し、その目標についてのPDCAのサイクルがうまく回りだすまで他のことに手を出さなくなった結果、すべてがうまくいきだしたのです。

是非皆さんも、目標に向かって成功するまでそのことだけを続けてみて下さい。方向が間違っていない限り、諦めない限り、必ず成功することができます。そして、1つ1つこつこつとストック収入を増やしていきましょう。

期間限定読者特典

あなたの目標が絶対達成できる
PDCA目標達成シートのプレゼント

このシートにしたがって書いていくだけで、実践編で紹介した目標の設定ができます。私もこのシートを使って年収1億円を達成したので、きっとあなたの目標も達成できるはずです。以下のページにアクセスするとダウンロードできます。

http://kachigumi-ooya.com/target/

※予告なく特典が終了する場合があります。

おわりに

本書でも何度か触れたように私は外資系企業勤務時代に2度のリストラ経験があります。そして外資系証券会社で勤務していた頃にはリーマンショックを経験し、毎週のようにリストラされていく同僚の姿を目の当たりにしました。

はじめは同僚のリストラに毎回ショックを受けていましたが、次第に慣れていきました。私自身もいつもリストラされるだろうかという恐怖との戦いです。もちろん、このような精神状態で常に仕事をすることはいいことではありませんが、おかげで常に将来のことを気にするようになりました。

外資系企業に勤めている人に金融リテラシーが高い人が多いのは、もちろん同僚の影響などもあるかもしれませんが、常に将来に不安があるため、お金に関することにアンテナを張り巡らせているからかもしれません。

つまり、情報が多いのではなく、自らお金に関する情報を意識して集めているからなのです。

私も日系企業に勤めていたのでわかるのですが、リストラの恐怖など感じることがあまりないため、将来はなんとかなるだろうと思っている人がとても多いのです。しかし、実践編で計算してもらった通り、このままでは、リストラされなくても老後に普通の生活すらできないのが現実なのです。

この本を20代、30代、40代で手に取ったあなたは幸運です。今すぐ行動すれば老後お金に困ることはないでしょう。うまくいけば、私のようにセミリタイアして自分のやりたいことをして暮らしていけるかもしれません。

50代、60代のあなたは時間がほとんどありません。ただし、今すぐ行動すれば老後の生活には間に合うかもしれません。

先日、銀座を歩いていると目の前に大行列が現れました。あまりに長い行列のため気になって先頭の先に何があるかを確認してみると、なんと宝くじ売り場でした。どうも、その売り場は日本で1番、1等が当たると有名だそうで、大安吉日にもなるといつも大行列になるそうです。聞くと宝くじを買うためだけに数時間も並ぶとか。

私はその話を聞いて、おそらく日本で一番売れている宝くじ売り場なのだから、この売り場から1等の宝くじが出る確率も日本で一番高いだけではないか、と思いました。

こんなことを言うと宝くじを買っている人に「夢がない」と怒られてしまうかもしれませんが、宝くじの還元率は45・7%と競馬（74・1%）や競輪（75%）などの他の公営ギャンブルと比較しても一番低いのです。

しかも、宝くじはただ買うだけで、自分の頭を使って考えることもありません。私だったら、宝くじ3000円分買うのに、数時間並ぶのであれば、本を2冊買って、その本を読むことに時間を費やします。私の周りのお金持ちになった人で、宝くじを数時間並んで買った人は1人もいません。

私自身が今あなたより少しだけお金と時間があるのは決して偶然ではありません。あなたが電車の中で、マンガやゲーム、居眠りをしている間、私はいつも成長するために勉強していました。そして、あなたよりたくさんいろんなことに挑戦し、失敗もしてきました。時にはお金をたくさん失うこともありましたが、その原因を他人のせいにもせず、いつも自分で考えて行動して解決してきました。正確に言うと、他人のせいにしていたころは、問題は全く解決しませんでした。

お金についても全く同じです。

本書でもいくつも事例を紹介しましたが、自分の大事な資産の運用を他人に丸投げしていては絶対にお金はふえません。自分で考え、ふやしていくしかありません。ただし、世の中にはすでに優れたお金のふやし方がいくつか存在しています。私がご紹介したのはその中でも優れた例です。したがって、これらの中から自分に合うものを選び、基本的には真似すればいいのです。

この時のコツは、なぜこうするのかと自分も考えながら真似することです。そして、PDCAサイクルを通して、自分なりに改善した方がいい部分だけを改善していきます。あまり自己流にアレンジしすぎると失敗も増えますのでそれも注意して下さい。

基本的にはストック収入を構築することに時間とお金を費やすことをおすすめします。こつこつと収入ができる仕組を積み上げていくことで、確実に収入と資産そして最後には時間も得ることもできます。

この本を読んだあなたの人生が好転し、お金だけではなく自由な時間も手に入れて幸せな人生を歩むきっかけになることができれば私もこの上なく幸せです。

最後になりますが、この本の出版のきっかけと企画のご協力を頂いた小山睦夫さん、私に出版のチャンスと編集のアドバイスをして頂いたダイヤモンド社の木村香代さん、編集にご協力いただいた平行男さん、そしていつも私を支えてくれた家族にこの場を借りてお礼を申し上げます。

２０１７年３月

生形大

［著者］
生形 大（うぶかた・だい）
1977年８月生まれ、富山県富山市出身。横浜国立大学工学部建築学科卒、横浜国立大学大学院修了。外資系証券（バークレイズ証券・JPモルガン証券）出身の投資家。現在、国内12棟189戸、海外３戸、都内の戸建て・区分マンション４戸の不動産を所有。不動産以外にも株・FX・先物・オプション取引・オフショアファンドなどあらゆる金融商品に精通。現在は資産運用の専門家として独立し、成功者続出の投資家を養成するスクールの運営、不動産投資セミナーの人気講師として、経済的、時間的な自由を志すサラリーマンに指導を行っている。主な出演メディアに「サタデープラス」（TBS系列）。主な著書に『年収１億円を生み出す［ハイブリッド］不動産投資』（ぱる出版）がある。

9割の日本人が知らない
お金をふやす８つの習慣
――外資系金融マンが教える本当のお金の知識

2017年３月９日　第１刷発行

著　者――生形 大
発行所――ダイヤモンド社
〒150-8409　東京都渋谷区神宮前6-12-17
http://www.diamond.co.jp/
電話／03･5778･7234（編集）　03･5778･7240（販売）

装丁――――竹内雄二
本文デザイン・DTP――大谷昌稔
イラスト――坂木浩子（ぽるか）
製作進行――ダイヤモンド・グラフィック社
印刷――――加藤文明社
製本――――川島製本所
編集協力――平 行男
編集担当――木村香代

ISBN 978-4-478-10212-1